LETTRES
SUR
LA DANSE,
ET SUR
LES BALLETS,
PAR M. NOVERRE,

Maître des Ballets de Son Altesse Sérénissime Monseigneur le Duc de Wurtemberg, & ci-devant des Théatres de Paris, Lyon, Marseille, Londres, &c.

A LYON,

Chez AIMÉ DELAROCHE, Imprimeur-Libraire du Gouvernement & de la Ville, aux Halles de la Grenette.

―――――――――

M. D. CC. LX.
AVEC APPROBATION ET PRIVILEGE DU ROI.

A SON ALTESSE SÉRÉNISSIME,

MONSEIGNEUR CHARLES,
Duc régnant de Wurtemberg & Tech, Prince de Montbéliard, Seigneur de Heydenheim & Inſtingue, Chevalier de l'Ordre de la Toiſon d'or, & Général Veld-Maréchal du louable Cercle de Suabe.

MONSEIGNEUR,

Quelque foible que ſoit l'hommage d'un Eſſai ſur la Danſe, VOTRE ALTESSE SÉRÉNISSIME *a bien voulu me permettre de le lui offrir dans le temps même où elle s'empreſſoit de marcher à la tête des ſecours puiſſants qu'elle vient d'accorder à ſes Alliés. Il n'eſt aucune circonſtance,* MONSEIGNEUR, *qui* puisse distraire *VOTRE ALTESSE SÉRÉNISSIME* de la protection dont elle daigne honorer les Arts. Les talents trouvent toujours auprès d'elle cet asyle tranquille, capable seul de les faire éclorre, là où la nature n'en avoit mis que le germe, & de les faire développer dans ceux où ils seroient restés languissants. Cet ouvrage paroissant sous les auspices de votre auguste nom, reçoit un principe de vie qui en assure le sort. L'Auteur ayant encore le bonheur de vous appartenir, sent déjà ce feu sacré dont la reconnoissance embrase les ames bien nées. Que ne puis-je voler auprès de *VOTRE ALTESSE SÉRÉNISSIME!* Que ne puis-je, *MONSEIGNEUR*, vous consacrer dès ce moment mes foibles talents, & vous assurer du zele & du profond respect avec lesquels je serai toute ma vie,

MONSEIGNEUR,

de *VOTRE ALTESSE SÉRÉNISSIME*,

Le très-humble, très-obéissant, & très-dévoué serviteur, NOVERRE.

APPROBATION.

J'AI lu par ordre de Monseigneur le Chancelier, un Manuscrit qui a pour titre : *Lettres sur la Danse & sur les Ballets, par M. Noverre, &c.* je n'y ai rien vu qui puisse en empêcher l'impression. A Lyon, le premier Octobre 1759. BOURGELAT.

PRIVILEGE GÉNÉRAL.

LOUIS, PAR LA GRACE DE DIEU, ROI DE FRANCE ET DE NAVARRE : A nos amés & féaux Conseillers les Gens tenant nos Cours de Parlement, Maîtres des Requêtes ordinaire de notre Hôtel, grand Conseil, Prévôt de Paris, Baillifs, Sénéchaux, leurs Lieutenants Civils & autres nos Justiciers qu'il appartiendra, SALUT. Notre amé AIMÉ DELAROCHE, Libraire à Lyon, Nous a fait exposer qu'il desireroit faire imprimer & donner au Public des Ouvrages qui ont pour titre : *Principes de Théorie pour le Commerce de la Banque & de la Marchandise*; *Lettres sur la Danse & les Ballets du Sieur Noverre*; s'il nous plaisoit lui accorder nos Lettres de Privilege pour ce nécessaires. A ces causes, voulant favorablement traiter l'Exposant, Nous lui avons permis & permettons par ces Présentes, de faire imprimer lesdits Ouvrages autant de fois que bon lui semblera, & de les vendre, faire vendre & débiter par-tout notre Royaume pendant le temps de six années consécutives, à compter du jour de la date des Présentes. Faisons défenses à tous Imprimeurs, Libraires & autres personnes de quelque qualité & condition qu'elles soient, d'en introduire d'impression étrangere dans aucun lieu de notre obéissance, comme aussi d'imprimer ou faire imprimer, vendre, faire vendre, débiter, ni contrefaire lesdits Ouvrages, ni d'en faire aucuns extraits sous quelque prétexte que ce puisse être, sans la permission expresse & par écrit dudit Exposant, ou de ceux qui auront droit de lui, à peine de confiscation des exemplaires contrefaits, de trois mille livres d'amende contre chacun des contrevenants, dont un tiers à Nous, un tiers à l'Hôtel-Dieu de Paris, & l'autre tiers audit

Exposant, ou à celui qui aura droit de lui, & de tous dépens, dommages & intérêts; à la charge que ces Présentes seront enrégistrées tout au long sur le registre de la Communauté des Imprimeurs & Libraires de Paris, dans trois mois de la date d'icelles, que l'impression desdits Ouvrages sera faite dans notre Royaume & non ailleurs, en bon papier & beaux caracteres, conformément à la feuille imprimée attachée pour modele sous le contre-scel des Présentes; que l'Impétrant se conformera en tout aux Réglements de la Librairie, & notamment à celui du 10 Avril 1725; qu'avant de les exposer en vente, les Manuscrits qui auront servi de copie à l'impression desdits Ouvrages, seront remis dans le même état où l'approbation y aura été donnée, ès mains de notre très-cher & féal Chevalier Chancelier de France, le Sieur de Lamoignon, & qu'il en sera ensuite remis deux exemplaires de chacun dans notre Bibliotheque publique, un dans celle de notre Château du Louvre, & un dans celle de notre très-cher & féal Chevalier Chancelier de France, le Sieur de Lamoignon, le tout à peine de nullité des Présentes; du contenu desquelles vous mandons & enjoignons de faire jouir ledit Exposant & ses ayant causes, pleinement & paisiblement, sans souffrir qu'il leur soit fait aucun trouble ou empêchement. Voulons que la copie des Présentes qui sera imprimée tout au long au commencement ou à la fin desdits Ouvrages, soit tenue pour duement signifiée, & qu'aux copies collationnées par l'un de nos amés & féaux Conseillers les Secretaires, foi soit ajoutée comme à l'original; commandons au premier notre Huissier ou Sergent sur ce requis, de faire pour l'exécution d'icelles, tous actes requis & nécessaires, sans demander autre permission, & nonobstant clameur de haro, charte Normande & Lettres à ce contraires: CAR TEL EST NOTRE PLAISIR. Donné à Versailles, le vingt-unieme jour du mois de Décembre, l'an de grace mil sept cent cinquante-neuf, & de notre regne le quarante-cinquieme.

Par le Roi en son Conseil, *Signé* LE BEGUE.

Regiftré sur le Regiftre XV de la Chambre Royale & Syndicale des Libraires & Imprimeurs de Paris, Nº. 2884, fol. 26, conformément au Réglement de 1723. A Paris, ce 11 Janvier 1760.

Signé G. SAUGRAIN, Syndic.

LETTRES
SUR
LA DANSE.

LETTRE PREMIERE.

LA Poéſie, la Peinture & la Danſe ne ſont, Monſieur, ou ne doivent être qu'une copie fidelle de la belle nature : c'eſt par la vérité de cette imitation que les Ouvrages des Racine, des Raphaël ont paſſé à la poſtérité ; après avoir obtenu (ce qui eſt plus rare encore) les ſuffrages même de leur ſiecle. Que ne pouvons-nous joindre aux noms de ces grands Hommes ceux des Maîtres de Ballets, les plus célebres dans leurs temps! mais à peine les connoît-on; ce n'est pas néanmoins la faute de l'Art. Un Ballet est un tableau, la Scene est la toile, les mouvements méchaniques des figurants sont les couleurs, leur phisionomie est, si j'ose m'exprimer ainsi, le pinceau, l'ensemble & la vivacité des Scenes, le choix de la Musique, la décoration & le costume en font le coloris; enfin, le Compositeur est le Peintre. Si la nature lui a donné ce feu & cet enthousiasme, l'ame de la Peinture & de la Poésie, l'immortalité lui est également assurée. L'Artiste a ici, j'ose le dire, plus d'obstacles à surmonter que dans les autres Arts; le pinceau & les couleurs ne sont pas dans ses mains; ſes Tableaux doivent être variés, & ne durer qu'un inſtant; en un mot, il doit faire revivre l'Art du Geſte & de la Pantomime, ſi connu dans le ſiecle d'Auguſte. Toutes ces difficultés ont ſans doute effrayé mes prédéceſſeurs: plus hardi qu'eux, peut-être avec moins de talent, j'ai oſé me frayer des routes nouvelles; l'indulgence du Public m'a encouragé, elle m'a ſoutenu dans des criſes capables de rebuter l'amour-propre; & mes ſuccès ſemblent m'autoriſer à ſatisfaire votre curioſité ſur un Art que vous chériſſez, & auquel je conſacre tous mes moments.

Les Ballets n'ont été juſques à préſent que de foibles eſquiſſes de ce qu'ils peuvent être un jour. Cet Art entiérement ſoumis au goût & au génie, peut s'embellir & ſe varier à l'infini. L'Hiſtoire, la Fable, la Poésie, la Peinture ; tout lui tend les bras pour le tirer de l'obscurité où il est enseveli ; & l'on s'étonne, avec raison, que les Compositeurs dédaignent des secours si précieux.

Les Programmes des Ballets qui ont été donnés, il y a un siecle ou environ, dans les différentes Cours de l'Europe, feroient soupçonner que cet Art, loin d'avoir fait des progrès, a perdu beaucoup : ces sortes de traditions, il est vrai, sont toujours fort suspectes. Il en est des Ballets comme des Fêtes en général ; rien de si beau, de si élégant sur le papier, rien de si maussade & de si mal entendu souvent à l'exécution.

Je pense, Monsieur, que cet Art n'est resté dans l'enfance, que parce qu'on en a borné les effets à celui de ces feux d'artifice, faits simplement pour amuser les yeux. Quoiqu'il partage avec les meilleurs Drames, l'avantage d'intéresser, d'émouvoir & de captiver le Spectateur par le charme de l'illusion la plus parfaite, on ne l'a pas soupçonné de pouvoir parler à l'ame.

Si les Ballets en général sont foibles, monotones & languissants; s'ils sont dénués de ce caractere d'expression qui en est l'ame, c'est moins, je le répete, la faute de l'Art que celle de l'Artiste : ignoreroit-il que la Danse est un Art d'imitation ? je serois tenté de le croire, puisque le plus grand nombre des Compositeurs sacrifient les beautés de la Danse, & abandonnent les graces naïves du sentiment, pour s'attacher à copier servilement un certain nombre de figures dont le Public est rebattu depuis un siecle; de sorte que les Ballets de Phaëton ou de tout autre Opéra ancien, remis par un Compositeur moderne, différent si peu de ceux qui avoient été faits dans la nouveauté de ces Opéra, que l'on s'imagineroit que ce sont toujours les mêmes.

En effet, il est rare, pour ne pas dire impossible, de trouver du génie dans les Ballets, de l'élégance dans les formes, de la légéreté dans les grouppes, de la précision & de la netteté dans les chemins qui conduisent aux différentes figures; à peine connoît-on l'Art de déguiser les vieilles choses, & de leur donner un air de nouveauté.

Il faudroit que les Maîtres de Ballets consultassent les Tableaux des grands Peintres; cet examen les rapprocheroit sans doute de la nature; ils éviteroient alors, le plus souvent qu'il leur feroit poffible, cette fymmétrie dans les figures qui, faifant répétition d'objet, offre fur la même toile deux Tableaux femblables.

Dire que je blâme généralement toutes les figures fymmétriques; penfer que je prétende en abolir totalement l'ufage, ce feroit me donner un ton de fingularité ou de réformateur que je veux éviter.

L'abus des meilleures chofes eft toujours nuifible ; je ne défaprouve que l'ufage trop fréquent & trop répété de ces fortes de figures : ufage dont mes confreres fentiront le vice, lorfqu'ils s'attacheront à copier fidelement la nature, & à peindre fur la Scene les différentes paffions, avec les nuances & le coloris que chacune d'elles exige en particulier.

A iv

Les figures symmétriques de la droite à la gauche, ne sont supportables, selon moi, que dans les corps d'entrée, qui n'ont aucun caractere d'expression, & qui ne disant rien, sont faits uniquement pour donner le temps aux premiers danseurs de reprendre leur respiration. Elles peuvent avoir lieu dans un Ballet général qui termine une Fête; elles peuvent encore passer dans des pas d'exécution, de quatre, de six, &c. quoiqu'à mon sens, il soit ridicule de sacrifier, dans ces sortes de morceaux, l'expression & le sentiment à l'adresse du corps & à l'agilité des jambes; mais la symmétrie doit faire place à la nature dans les Scenes d'action. Un exemple, quelque foible qu'il soit, me rendra peut-être plus intelligible, & suffira pour étayer mon sentiment.

Une troupe de Nymphes, à l'aspect imprévu d'une troupe de jeunes Faunes, prend la fuite, avec autant de précipitation que de frayeur ; les Faunes, au contraire, poursuivent les Nymphes avec cet empressement, que donne ordinairement l'apparence du plaisir : tantôt ils s'arrêtent pour examiner l'impression qu'ils font sur les Nymphes ; celles-ci suspendent en même temps leur course ; elles considerent les Faunes avec crainte, cherchent à démêler leurs desseins, & à s'assurer par la fuite un asyle qui puisse les garantir du danger qui les menace ; les deux troupes se joignent, les Nymphes résistent, se défendent & s'échappent, avec une adresse égale à leur légéreté, &c.

Voilà ce que j'appelle une Scene d'action, où la Danse doit parler avec feu, avec énergie ; où les figures symmétriques & compaſſées ne peuvent être employées ſans altérer la vérité, ſans choquer la vraiſemblance, ſans affoiblir l'action & refroidir l'intérêt. Voilà, dis-je, une Scene qui doit offrir un beau déſordre, & où l'Art du Compoſiteur ne doit ſe montrer, que pour embellir la nature.

Un Maître de Ballets, ſans intelligence & ſans goût, traitera ce morceau de Danſe machinalement, & le privera de ſon effet, parce qu'il n'en ſentira pas l'eſprit. Il placera ſur pluſieurs lignes paralleles les Nymphes & les Faunes ; il exigera ſcrupuleuſement que toutes les Nymphes ſoient poſées dans des attitudes uniformes, & que les Faunes aient les bras élevés à la même hauteur ; il ſe gardera bien dans fa diftribution de mettre cinq Nymphes à droite, & fept Nymphes à gauche; ce feroit pécher contres les vieilles regles de l'Opéra; mais il fera un exercice froid & compaffé d'une Scene d'action qui doit être pleine de feu.

Des critiques de mauvaife humeur, & qui ne connoiffent point affez l'Art, pour juger de fes différents effets, diront que cette Scene ne doit offrir que deux Tableaux; que le defir des Faunes doit tracer l'un, & la crainte des Nymphes peindre l'autre. Mais que de nuances différentes à ménager dans cette crainte & ce defir! Que de coups de pinceau variés! que d'oppofitions! que de gradations & de dégradations à obferver, pour que de ces deux fentiments il en réfulte une multitude de Tableaux, tous plus animés les uns que les autres !

Les paſſions étant les mêmes chez tous les hommes, elles ne différent qu'à proportion de leurs ſenſations ; elles s'impriment & s'exercent avec plus ou moins de force ſur les uns que ſur les autres, & ſe manifeſtent au dehors avec plus ou moins de véhémence & d'impétuoſité. Ce principe poſé, & que la nature démontre tous les jours, il y auroit donc plus de vrai à diverſifier les attitudes, à répandre des nuances dans l'expreſſion, & dès-lors l'action Pantomime de chaque Perſonnage ceſſeroit d'être monotone. Ce ſeroit être auſſi fidelle imitateur qu'excellent Peintre, que de mettre de la variété dans l'expreſſion des têtes, de donner à quelques-uns des Faunes de la férocité ; à ceux-là moins d'emportement; à ceux-ci un air plus tendre;

aux autres enfin un caractere de volupté, qui suspendroit ou qui partageroit la crainte des Nymphes ; l'esquisse de ce Tableau détermine naturellement la composition de l'autre ; je vois alors des Nymphes qui flottent entre le plaisir & la crainte ; j'en apperçois d'autres qui me peignent par le contraste de leurs attitudes, les différents mouvements dont leur ame est agitée ; celles-ci sont plus fieres que leurs compagnes ; celles-là mêlent à leur frayeur un sentiment de curiosité, qui rend le Tableau plus piquant : cette diversité est d'autant plus séduisante qu'elle est l'image de la nature. Convenez donc avec moi, Monsieur, que la symmétrie, fille de l'Art, sera toujours bannie de la Danse en action.

Je demanderai à tous ceux qui ont des

préjugés d'habitude, s'ils trouveront de la symmétrie dans un troupeau de brebis qui veut échapper à la dent meurtriere des loups, ou dans des paysans qui abandonnent leurs champs & leurs hameaux, pour éviter la fureur de l'ennemi qui les poursuit ? non sans doute : mais l'Art est de savoir déguiser l'Art. Je ne prêche point le désordre & la confusion, je veux au contraire que la régularité se trouve dans l'irrégularité même ; je demande des grouppes ingénieux, des situations fortes, mais toujours naturelles, une maniere de composer qui dérobe aux yeux toute la peine du Compositeur. Quant aux Figures, elles ne sont en droit de plaire que lorsqu'elles sont présentées avec vîtesse, & dessinées avec autant de goût que d'élégance. *Je suis*, &c.

LETTRE II.

JE ne puis m'empêcher, Monsieur, de désaprouver les Maîtres de Ballets, qui ont l'entêtement ridicule de vouloir que les figurants & les figurantes se modelent exactement d'après eux, & compassent leurs mouvements, leurs gestes & leurs attitudes, d'après les leurs; cette singuliere prétention ne peut-elle pas s'opposer au développement des graces naturelles des exécutants, & étouffer en eux le sentiment d'expression qui leur est propre?

Ce principe me paroît d'autant plus blâmable, qu'il est rare de trouver des Maîtres de Ballets qui sentent ; il y en a si peu qui soient excellents Comédiens, & qui possédent l'Art de peindre les mouvements de l'ame, par les geftes! Il eft, dis-je, fi difficile de rencontrer parmi nous des Batyle & des Pilade*, que je ne faurois me difpenfer de condamner tous ceux qui par l'enthoufiafme qu'ils ont d'eux-mêmes, cherchent à fe faire imiter. S'ils fentent foiblement, ils exprimeront de même, leurs geftes feront froids, leur phifionomie fans caractere, leurs attitudes fans paffion. N'eft-ce pas induire les figurants à erreur, que de leur faire copier du médiocre ? N'eft-ce pas perdre fon ouvrage que de le faire éxécuter gauchement ? Peut-on d'ailleurs donner des préceptes fixes pour l'action Pantomime ? Les geftes ne font-ils pas l'ouvrage de l'ame, & les interpretes fidelles de fes mouvements ?

*. Danfeurs Pantomimes du temps d'Augufte.

SUR LA DANSE. 17

Un Maître de Ballets sensé doit faire, dans cette circonstance, ce que font la plupart des Poëtes, qui n'ayant ni les talents, ni les organes propres à la déclamation, font lire leur piece, & s'abandonnent entiérement à l'intelligence des Comédiens pour la représenter. Ils assistent, direz-vous, aux répétitions; j'en conviens, mais ils donnent moins de préceptes que de conseils. *Cette Scene me paroit rendue foiblement; vous ne mettez pas assez de débit dans telle autre, celle-ci n'est pas jouée avec assez de feu, & le Tableau qui résulte de telle situation me laisse quelque chose à desirer:* voilà le langage du Poëte. Le Maître de Ballets, à son exemple, doit faire recommencer une Scene en action, jusqu'à ce qu'enfin ceux qui l'exécutent, aient

B

rencontré cet inſtant de naturel inné chez tous les hommes; inſtant précieux qui ſe montre toujours avec autant de force que de vérité, lorſqu'il eſt produit par le ſentiment.

Le Ballet bien compoſé eſt une Peinture vivante des paſſions, des mœurs, des uſages, des cérémonies, & du *coſtume* de tous les Peuples de la terre; conſéquemment, il doit être Pantomime dans tous les genres, & parler à l'ame par les yeux. Eſt-il dénué d'expreſſion, de tableaux frappants, de ſituations fortes, il n'offre plus alors qu'un Spectacle froid & monotone. Ce genre de compoſition ne peut ſouffrir de médiocrité; à l'exemple de la Peinture, il exige une perfection d'autant plus difficile à atteindre qu'il eſt ſubordonné à l'imitation fidelle de la nature,

& qu'il est mal-aisé, pour ne pas dire impossible, de saisir cette sorte de vérité séduisante qui dérobe l'illusion au Spectateur, qui le transporte en un instant, dans le lieu où la Scene a dû se passer; qui met son ame dans la même situation où elle seroit, s'il voyoit l'action réelle dont l'Art ne lui présente que l'imitation. Quelle précision ne faut-il pas encore avoir, pour n'être pas au-dessus ou au-dessous de l'objet que l'on veut imiter? Il est aussi dangereux d'embellir son modele, que de l'enlaidir : ces deux défauts s'opposent également à la ressemblance; l'un fait minauder la nature, l'autre la dégrade.

Les Ballets étant des représentations, ils doivent réunir les parties du Drame. Les Sujets que l'on traite en

Danse sont pour la plupart vuides de sens, & n'offrent qu'un amas confus de Scenes, aussi mal cousues que désagréablement conduites ; cependant il est en général indispensable de se soumettre à de certaines regles. Tout sujet de Ballet doit avoir son exposition, son nœud & son dénouement. La réussite de ce genre de Spectacle dépend en partie du bon choix des sujets & de leur distribution.

L'Art de la Pantomime est sans doute plus borné de nos jours, qu'il ne l'étoit sous le regne d'Auguste ; il est quantité de choses qui ne peuvent se rendre intelligiblement par le secours des gestes. Tout ce qui s'appelle dialogue tranquille, ne peut trouver place dans la Pantomime. Si le Compositeur n'a pas l'adresse de retrancher de son sujet ce qui lui paroît froid & monotone, son Ballet ne fera aucune senfation. Le Spectacle de M. *Servandoni* ne réuſſiſſoit pas faute de geſtes; les bras de ſes Acteurs n'étoient jamais dans l'inaction; cependant ſes repréſentations Pantomimes étoient de glace; à peine une heure & demie de mouvement & de geſte fourniſſoit-elle un ſeul inſtant au Peintre.

Diane & Acteon, Diane & Endimion, Apollon & Daphné, Titon & l'Aurore, Acis & Galathée, ainſi que quantité de Sujets de cette eſpece, ne peuvent fournir à l'intrigue d'un Ballet en action, ſans le ſecours d'un génie vraiment poétique. Télemaque dans l'Iſle de Calipſo, offre un Plan plus vaſte, & fera le ſujet d'un très-beau Ballet, ſi toutefois le

Compositeur a l'Art d'élaguer du Poëme, tout ce qui ne peut servir au Peintre; s'il a l'adresse de faire paroître Mentor à propos, & le talent de l'éloigner de la Scene, dès l'instant qu'il pourroit la refroidir.

Si les licences que l'on prend journellement dans les compositions théatrales, ne peuvent s'étendre au point de faire danser Mentor dans le Ballet de Télémaque, c'est une raison plus que suffisante, pour que le Compositeur ne se serve de ce personnage qu'avec beaucoup de ménagement. Ne dansant point, il devient étranger au Ballet; son expression d'ailleurs étant dépourvue des graces que la Danse prête aux gestes & aux attitudes, paroît moins animée, moins chaude, & conséquemment moins intéressante; il est permis aux grands talents d'innover, de sortir des regles ordinaires, & de se frayer des routes nouvelles, lors qu'elles peuvent conduire à la perfection de leur Art. Mentor, dans un spectacle de Danse, peut & doit agir en dansant; cela ne choquera ni la vérité ni la vraisemblance, pourvu que le Compositeur ait l'Art de lui conserver un genre de Danse & d'expression analogue à son caractere, à son âge & à son emploi : je crois, Monsieur, que je risquerois l'aventure, & que de deux maux j'éviterois le plus grand, c'est l'ennui, personnage qui ne devroit jamais trouver place sur la Scene.

C'est un défaut bien capital que celui de vouloir associer des genres contraires, & de mêler sans distinction le sérieux avec le comique; le noble avec le trivial, & le galant avec le burlesque. Ces fautes grossieres, mais journalieres, décelent la médiocrité de l'esprit, elles affichent le mauvais goût & l'ignorance du Compositeur. Le caractere & le genre d'un Ballet ne doivent point être défigurés par des Episodes d'un genre & d'un caractere opposé. Les métamorphoses, les transformations & les changements qui s'emploient communément dans les Pantomimes angloises des danseurs de corde, ne peuvent être employés dans des sujets nobles ; c'est encore un autre défaut, que de doubler & de tripler les objets : ces répétitions de Scene refroidissent l'action & appauvrissent le sujet.

Une des parties essentielles au Ballet, est sans contredit, la variété ; les incidents & les tableaux qui en résultent doivent se succéder avec rapidité : si l'action ne marche avec promptitude, si les Scenes languissent, si le feu ne se communique également par-tout, que dis-je ! s'il n'acquiert de nouveaux degrès de chaleur, à mesure que l'intrigue se dénoue, le plan est mal conçu, mal combiné, il peche contre les regles du théatre, & l'exécution ne produit alors d'autre sensation sur le spectateur, que le froid qu'elle traîne après elle.

J'ai vu, le croiriez-vous, Monsieur, quatre Scenes semblables dans le même sujet; j'ai vu des meubles faire l'exposition, le nœud & le dénouement d'un grand Ballet national ; j'ai vu enfin associer des incidents burlesques à l'action la plus noble & la plus voluptueuse : la Scene se passoit cependant dans un lieu respecté de toute l'Asie : de pareils contre-sens ne choquent-ils pas le bon goût ? en mon particulier j'en aurois été foiblement étonné, si je n'avois connu le mérite du Compositeur ; cela m'a presque persuadé que les grands hommes ne font jamais de petites fautes, & qu'il y a plus d'indulgence dans la capitale, que par-tout ailleurs.

Tout Ballet compliqué & diffus qui ne me tracera pas avec netteté & sans embarras l'action qu'il représente ; dont je ne pourrai deviner l'intrigue qu'un Programe à la main ; tout Ballet, dont je ne sentirai pas le plan, & qui ne m'offrira pas une exposition, un nœud & un dénouement, ne sera plus, suivant mes idées, qu'un simple divertissement de Danse, plus ou moins bien exécuté, & qui ne m'affectera que médiocrement, puisqu'il ne portera aucun caractere, & qu'il sera dénué de toute expression.

Mais la Danse de nos jours est belle; elle est, dira-t-on, en droit de séduire & de plaire, dégagée même du sentiment & de l'esprit dont vous voulez qu'elle se décore. Je conviendrai que l'exécution méchanique de cet Art est portée à un degré de perfection qui ne laisse rien à desirer; j'ajouterai même qu'elle a quelquefois des graces, mais la grace n'est qu'une petite partie des qualités qu'elle doit avoir.

Les pas, l'aisance & le brillant de leur enchaînement, *l'a-plomb*, la fermeté, la vîtesse, la légéreté, la précision, les oppositions des bras avec les jambes, voilà ce que j'appelle le méchanisme de la Danse. Lorsque toutes ces parties ne font pas mises en œuvre par l'esprit, lorsque le génie ne dirige pas tous ces mouvements, & que le sentiment & l'expression ne leur prêtent pas des forces capables de m'émouvoir & de m'intéresser; j'applaudis alors à l'adresse, j'admire l'homme machine, je rends justice à sa force, à son agilité; mais il ne me fait éprouver aucune agitation; il ne m'attendrit pas, & ne me cause pas plus de sensation que l'arrangement des mots suivants: *fait.. pas.. le.. la.. honte.. non...crime.. &.. l'échafaud.* Cependant ces mots arrangés par le grand homme composent ce beau Vers du Comte d'Essex:

Le crime fait la honte & non pas l'échafaud.

Il faut conclure de cette comparaison que la Danse renferme en elle tout ce qui est nécessaire au beau langage, & qu'il ne suffit pas d'en connoître l'Alphabet. Qu'un homme de génie arrange les lettres, forme & lie les mots, elle cessera d'être muette, elle parlera avec autant de force que d'énergie, & les Ballets alors partageront avec les meilleures Pieces du théatre la gloire de toucher, d'attendrir, de faire couler des larmes; & d'amuser, de séduire & de plaire dans les genres moins sérieux. La Danse embellie par le sentiment, & conduite par le génie, recevra enfin avec les éloges & les applaudissements que toute l'Europe accorde à la Poésie & à la Peinture, les récompenses glorieuses dont on les honore.

Je suis, &c.

LETTRE III.

SI les grandes passions conviennent à la Tragédie, elles ne sont pas moins nécessaires au genre Pantomime. Notre Art est assujetti en quelque façon aux regles de la perspective ; les petits détails se perdent dans l'éloignement. Il faut dans les Tableaux de la Danse des traits marqués, de grandes parties, des caracteres vigoureux, des masses hardies, des oppositions & des contrastes aussi frappants qu'artistement ménagés.

Il est bien singulier, que l'on ait comme ignoré jusqu'à présent que le genre le plus propre à l'expression de la Danse est le genre tragique ; il fournit de grands Tableaux, des situations nobles & des coups de théatre heureux ; d'ailleurs, les passions étant plus fortes & plus décidées dans les Héros que dans les Hommes ordinaires, l'imitation en devient plus facile, & l'action du Pantomime plus chaude, plus vraie & plus intelligible.

Un habile Maître doit pressentir d'un coup d'œil l'effet général de toute la machine, & ne jamais sacrifier le tout à la partie.

Ce n'est qu'en oubliant pour quelques instants, les principaux personnages de la représentation, qu'il pourra penser au plus grand nombre ; fixe-t-il toute son attention sur les premiers danseurs & les premieres danseuses, son action dès-lors est suspendue, la marche des Scenes ralentie, & l'exécution sans effet.

Les principaux Personnages de la Tragédie de Mérope, sont Mérope, Polifonte, Egiste, Narbas; mais quoique les autres Acteurs ne soient point chargés de Rôles aussi beaux ni aussi importants, ils ne concourent pas moins à l'action générale & à la marche du Drame qui seroit coupée & suspendue, si l'un de ces personnages manquoit à la représentation de cette Piece.

Il ne faut point d'inutilité au Théatre, conséquemment on doit bannir de la Scene ce qui peut y jeter du froid, & n'y introduire que le nombre exact d'Acteurs nécessaires à l'exécution du Drame.

Un Ballet est une piece de ce genre; il doit être divisé par Scenes & par Actes; chaque Scene en particulier, doit avoir, ainsi que l'Acte un commencement,
un

un milieu & une fin; c'est-à-dire, son exposition, son nœud & son dénouement.

J'ai dit que les principaux personnages d'un Ballet devoient être oubliés pour quelques instants; j'imagine en effet qu'il est moins difficile de faire jouer des rôles transcendants à Hercule & Omphale, à Ariane & Bachus, à Ajax & Ulisse, &c. qu'à vingt-quatre personnes qui seront de leur suite. S'ils ne disent rien sur la Scene, ils y sont de trop, & doivent en être bannis; s'ils y parlent, il faut que leur conversation soit toujours analogue à celle des premiers Acteurs.

L'embarras n'est donc pas de donner un caractere primant & distinctif à Ajax & Ulisse, puisqu'ils l'ont naturellement, & qu'ils sont les Héros de la Scene; la difficulté consiste à y introduire les Figurants, avec décence; à leur donner à tous des Rôles plus ou moins forts; à les affocier aux actions de nos deux Héros; à placer adroitement des femmes dans ce Ballet; à faire partager à quelqu'une d'elles la fituation d'Ajax; à faire pencher enfin le plus grand nombre en faveur d'Uliffe. Le triomphe de celui-ci & la mort de l'autre préfentent au génie une foule de Tableaux plus piquants, plus pittorefques les uns que les autres, & dont les contraftes & le coloris doivent produire les plus vives fenfations. Il eft aifé de concevoir d'après mes idées, que le Ballet Pantomime doit toujours être en action, & que les Figurants ne doi-vent prendre la place de l'Acteur qui quitte la Scene, que pour la remplir à leur tour, non pas fimplement par des figures symmétriques & des pas compassés, mais par une expression vive & animée, qui tienne le Spectateur toujours attentif au sujet que les Acteurs précédents lui ont exposé.

Mais par un malheureux effet de l'habitude ou de l'ignorance, il est peu de Ballets raisonnés; on danse pour danser; on s'imagine que le tout consiste dans l'action des jambes, dans les sauts élevés, & qu'on a rempli l'idée que les gens de goût se forment d'un Ballet, lorsqu'on le charge d'exécutants qui n'exécutent rien, qui se mêlent, qui se heurtent, qui n'offrent que des Tableaux froids & confus, dessinés sans goût, grouppés sans grace, privés de toute harmonie, & de cette expression, fille du sentiment, qui seule peut embellir l'Art, en lui donnant la vie.

Il faut convenir néanmoins que l'on rencontre quelquefois dans ces sortes de compositions, des beautés de détail, & quelques étincelles de génie ; mais il en est très-peu qui forment un tout & un ensemble parfait : le Tableau péchera ou par la composition, ou par le coloris ; ou s'il est dessiné correctement, il n'en sera peut-être pas moins sans goût, sans grace & sans imagination.

Ne concluez pas de ce que j'ai dit plus haut, sur les Figurants & sur les Figurantes, qu'ils doivent jouer des Rôles aussi forts que les premiers Sujets ; mais comme l'action d'un Ballet est tiede, si elle n'est générale, je soutiens qu'il faut qu'ils y participent avec autant d'Art que de ménagement ; car il est important que les Sujets chargés des principaux Rôles, conservent de la force & de la supériorité sur les objets qui les environnent. L'Art du Compositeur est donc de rapprocher & de réunir toutes ses idées en un seul point, afin que les opérations de l'esprit & du génie y aboutissent toutes. Avec ce talent, les caracteres paroîtront dans un beau jour, & ne seront ni sacrifiés, ni effacés par les objets qui ne sont faits que pour leur prêter du nerf & des ombres.

Un Maître de Ballets doit s'attacher à donner à tous les Acteurs dansants une action, une expression & un caractere différents; ils doivent tous arriver au même but par des routes opposées, & concourir unanimement & de concert à peindre par la vérité de leurs gestes & de leur imitation, l'action que le

Compositeur a pris soin de leur tracer. Si l'uniformité regne dans un Ballet, si l'on ne découvre pas cette diversité d'expression, de forme, d'attitude & de caractere que l'on rencontre dans la nature; si ces nuances légeres, mais imperceptibles, qui peignent les mêmes passions avec des traits plus ou moins marqués, & des couleurs plus ou moins vives, ne sont point ménagées avec Art & distribuées avec goût & délicatesse, alors le Tableau est à peine une copie médiocre d'un excellent Original, & comme il ne présente aucune vérité, il n'a ni la force, ni le droit d'émouvoir ni d'affecter.

Ce qui me choqua, il y a quelques années, dans le Ballet de Diane & Endimion que je vis exécuter à Paris, est moins l'exécution méchanique,

que la mauvaise distribution du Plan. Qu'elle idée de saisir pour l'action, l'instant où Diane est occupée à donner à Endimion des marques de sa tendresse ? Le Compositeur est-il excusable d'associer des paysans à cette Déesse, & de les rendre témoins de sa foiblesse & de sa passion, & peut-on pécher plus grossiérement contre la vraisemblance ? Diane, suivant la fable, ne voyoit Endimion que lorsque la nuit faisoit son cours, & dans le temps où les mortels sont livrés au sommeil ; cela ne doit-il pas exclure toute suite ? L'amour seul pouvoit être de la partie ; mais des Paysans, des Nymphes, Diane à la chasse ; quelle licence ! quel contre-sens ! ou pour mieux dire, quelle ignorance ! On voit aisément que l'Auteur n'avoit qu'une idée confuse & imparfaite de la Fable; qu'il a mêlé celle d'Acteon où Diane est dans le bain avec ses Nymphes, à celle d'Endimion. Le nœud de ce Ballet étoit singulier; les Nymphes y jouoient le personnage de la chasteté; elles vouloient massacrer l'Amour & le Berger; mais Diane, moins vertueuse qu'elles, & emportée par sa passion, s'opposoit à leur fureur, & voloit au-devant de leurs coups : l'Amour pour les punir de cet excès de vertu les rendoit sensibles. De la haine elles passoient avec rapidité à la tendresse, & ce Dieu les unissoit aux Paysans. Vous voyez, Monsieur, que ce plan est contre toutes les regles & que la conduite en est aussi peu ingénieuse, qu'elle est fausse. Je comprends que le Compositeur a tout sacrifié à l'effet, & que la Scene des fleches en l'air, prêtes à percer l'Amour, l'avoit séduit ; mais cette Scene étoit déplacée. Nulle reſſemblance d'ailleurs dans le Tableau ; on avoit prêté aux Nymphes le caractere & la fureur des Bacchantes qui déchirerent Orphée ; Diane avoit moins l'expreſſion d'une amante que d'une Furie; Endimion peu reconnoiſſant & peu ſenſible à la ſcene qui ſe paſſoit en ſa faveur, paroiſſoit moins tendre qu'indifférent ; l'Amour n'étoit qu'un enfant craintif, que le bruit intimide & que la peur fait fuir : tels ſont les caracteres manqués, qui affoibliſſoient le Tableau, qui le privoient de ſon effet, & qui dégradoient le Compoſiteur.

Que les Maîtres de Ballets qui voudront ſe former une idée juſte de leur Art, jettent attentivement les yeux ſur les batailles d'Alexandre, peintes par *Lebrun*; sur celles de Louis XIV, peintes par *Vander-Meulen*, ils verront que ces deux Héros qui font les Sujets principaux de chaque Tableau, ne fixent point seuls l'œil admirateur; cette quantité prodigieuse de combattants, de vaincus & de vainqueurs, partage agréablement les regards, & concourt unanimement à la beauté & à la perfection de ces chef-d'œuvres; chaque tête a son expression & son caractere particulier; chaque attitude a de la force & de l'énergie; les grouppes, les terrassements, les renversements sont aussi pittoresques qu'ingénieux: tout parle, tout intéresse, parce que tout est vrai; parce que l'imitation de la nature est fidelle; en un mot, parce que la toile semble respirer. Que l'on jette ensuite sur ces Tableaux un voile qui dérobe à la vue les sieges, les batailles, les trophées, les triomphes; que l'on ne laisse voir enfin que les deux Héros; l'intérêt s'affoiblira; il ne restera que les Portraits de deux grands Princes.

Les Tableaux exigent une action, des détails, un certain nombre de Personnages, dont les caracteres, les attitudes & les gestes doivent être aussi vrais & aussi naturels qu'expressifs. Si le Spectateur éclairé ne démêle point au premier coup d'œil, l'idée du Peintre; si le trait d'Histoire dont il a fait choix, ne se retrace pas à l'imagination du connoisseur avec promptitude, la distribution est défectueuse, l'instant mal choisi, & la composition froide & de mauvais goût.

Cette différence du Tableau au Portrait devroit être également reçue dans la Danſe; le Ballet, comme je le ſens, & tel qu'il doit être, ſe nomme à juſte titre Ballet; ceux au contraire qui ſont monotones & ſans expreſſion; qui ne préſentent que des copies tiedes & imparfaites de la nature, ne doivent s'appeller que des divertiſſements faſtidieux, morts & inanimés.

Le Ballet eſt l'image du Tableau bien compoſé, s'il n'en eſt l'original; vous me direz peut-être qu'il ne faut qu'un ſeul trait au Peintre, & qu'un ſeul inſtant pour caractériſer le Sujet de ſon Tableau, mais que le Ballet eſt une continuité d'actions, un enchaînement de circonſtances qui doit en offrir une multitude; nous voilà d'accord, & pour que ma comparaiſon ſoit plus juſte, je mettrai le Ballet en action, en parallele avec la galerie du Luxembourg, peinte par *Rubens* : chaque Tableau préfente une Scene, cette Scene conduit naturellement à une autre ; de Scene en Scene on arrive au dénouement, & l'œil lit fans peine & fans embarras l'Hiftoire d'un Prince dont la mémoire eft gravée par l'amour & la reconnoiffance dans le cœur de tous les François.

Je crois décidément, Monfieur, qu'il eft auffi facile à un grand Peintre & à un célebre Maître de Ballets, de faire un Poëme ou un Drame en Peinture & en Danfe, qu'il eft aifé à un excellent Poëte d'en compofer un ; mais fi le génie manque, on n'arrive à rien ; ce n'eft point avec les jambes que l'on peut peindre ; tant que la tête des Danfeurs ne conduira pas leurs pieds, ils s'égareront toujours, leur exécution sera machinale, & ils se dessineront eux-mêmes froidement & de mauvais goût.

Je suis, &c.

LETTRE IV.

LA Danse & les Ballets sont aujourd'hui, Monsieur, la folie du jour ; ils sont suivis avec une espèce de fureur, & jamais Art ne fut plus encouragé par les applaudissements que le nôtre. La Scene françoise la plus riche de l'Europe en Drames de l'un & de l'autre genre, & la plus fertile en grands talents, a été forcée, en quelque façon, pour satisfaire au goût du Public, & se mettre à la mode, d'associer les Danses à ses Représentations, & d'étayer, pour ainsi dire, les chef-d'œuvres des plus illustres Poëtes, par des divertissements ou des *Bambochades* qui dégradoient la Noblesse & la Majesté de ce Théatre. Cette disproportion de genre & ce contraste choquant a déterminé les Comédiens François à engager le sieur *Hus*. On m'écrit qu'il a débuté avec le plus brillant succès par le Ballet de *la Mort d'Orphée*. La Danse sérieuse & héroïque est sans contredit la seule qui puisse convenir à un Théatre où tout respire la décence & la grandeur. Que son génie le porte toujours à traiter des sujets d'un genre noble & élevé ! Qu'il en puise quelques-uns dans les Tragédies qu'il voit représenter tous les jours, & qu'il abandonne tout ce qui est au-dessous du galant & du voluptueux à tous Maîtres de Ballets subalternes & plagiaires.

Le goût vif & déterminé pour les Ballets est général; tous les Souverains en décorent leurs Spectacles, moins pour se modeler d'après nos usages, que pour satisfaire au plaisir que procure cet Art. La plus petite troupe de Province traîne après elle un essaim de Danseurs & de Danseuses; que dis-je? les farceurs & les marchands d'Orviétan comptent beaucoup plus sur la vertu de leurs Ballets, que sur celle de leur Baume; c'est avec des entrechats qu'ils fascinent les yeux de la populace; & le débit de leurs remedes augmente ou diminue à proportion que leurs divertissements sont plus ou moins nombreux.

L'indulgence avec laquelle le Public applaudit

applaudit à de simples ébauches, devroit, ce me semble, engager l'Artiste à chercher la perfection. Les éloges doivent encourager & non éblouir au point de persuader qu'on a tout fait & qu'on a atteint au but auquel on peut parvenir. La sécurité de la plupart des Maîtres, le peu de soin qu'ils se donnent pour aller plus loin, me feroient soupçonner qu'ils imaginent qu'il n'est rien au-delà de ce qu'ils savent, & qu'ils touchent aux bornes de l'Art.

Le Public de son côté aime à se faire une douce illusion, & à se persuader que le goût & les talents de son siecle sont fort au-dessus de ceux des siecles précédents ; il applaudit donc avec fureur aux cabrioles de nos Danseurs, & aux minauderies de nos Danseuses. Je ne parle point de cette partie du
D

Public qui en est l'ame & le ressort, de ces hommes sensés qui, dégagés des préjugés de l'habitude, gémissent de la dépravation du goût, qui écoutent avec tranquillité, qui regardent avec attention, qui pesent avant de juger, & qui n'applaudissent jamais que lorsque les choses les remuent, les affectent & les transportent ; ces battements de mains prodigués au hazard ou sans ménagement perdent souvent les jeunes gens qui se livrent au Théatre. Les applaudissements sont les aliments des Arts, je le sais, mais ils cessent d'être salutaires, s'ils ne sont distribués à propos : une nourriture trop forte, loin de former le tempérament, le dérange & l'affoiblit ; les commençants au Théatre sont l'image des enfants qu'un amour trop aveugle & trop tendre perd sans ressource. On apperçoit les défauts & les imperfections, à mesure que l'illusion s'efface & que l'enthousiasme de la nouveauté diminue.

La Peinture & la Danse ont cet avantage sur les autres Arts qu'ils sont de tous les Pays, de toutes les Nations; que leur langage est universellement entendu, & qu'ils font par-tout une égale sensation.

Si notre Art, tout imparfait qu'il est, séduit & enchaîne le Spectateur; si la Danse dénuée des charmes de l'expression cause quelquefois du trouble, de l'émotion, & jette notre ame dans un désordre agréable; quelle force & quel empire n'auroit-elle pas sur nos sens, si ses mouvements étoient dirigés par l'esprit & ses Tableaux esquissés par le sentiment! Il n'est pas douteux que les Ballets auront la préférence sur la Peinture, lorsque ceux qui les exécutent seront moins automates, & que ceux qui les composent seront mieux organisés.

Un beau Tableau n'est qu'une copie de la nature ; un beau Ballet est la nature même, embellie de tous les charmes de l'Art. Si de simples images m'entraînent à l'illusion ; si la magie de la Peinture me transporte ; si je suis attendri à la vue d'un Tableau ; si mon ame séduite, est vivement affectée par le prestige ; si les couleurs & les pinceaux dans les mains du Peintre habile, se jouent de mes sens au point de me montrer la nature, de la faire parler, de l'entendre & de lui répondre ; quelle sera ma sensibilité ! que deviendrai-je,

& quelle senfation n'éprouverai-je pas à la vue d'une repréfentation encore plus vraie, d'une action rendue par mes femblables! quel empire n'auront pas fur mon imagination des Tableaux vivants & variés! Rien n'intéreffe fi fort l'humanité que l'humanité même. Oui, Monfieur, il eft honteux que la Danfe renonce à l'empire qu'elle peut avoir fur l'ame, & qu'elle ne s'attache qu'à plaire aux yeux. Un beau Ballet eft jufqu'à préfent un être imaginaire, c'eft le Phénix, il ne fe trouve point.

En vain efpérera-t-on de lui donner une forme nouvelle, tant que l'on fera efclave des vieilles méthodes & des anciennes rubriques de l'Opéra; nous ne voyons fur nos Théatres que des copies fort imparfaites des copies qui les ont précédées; n'exerçons point simplement des pas ; étudions les passions. En habituant notre ame à les sentir, la difficulté de les exprimer s'évanouira; alors la physionomie recevra toutes ses impressions de l'agitation du cœur; elle se caractérisera de mille manieres différentes ; elle donnera de l'énergie aux mouvements extérieurs, & peindra avec des traits de feu le désordre des sens & le tumulte qui régnera au-dedans de nous-mêmes.

Il ne faut à la Danse qu'un beau modele, un homme de génie, & les Ballets changeront de caractere. Qu'il paroisse ce restaurateur de la vraie Danse, ce réformateur du faux goût & des habitudes vicieuses qui ont appauvri l'Art ; mais qu'il paroisse dans la capitale. S'il veut persuader, qu'il dessille les yeux trop fascinés des jeunes

danseurs, & qu'il leur dise: « Enfants de
» Terpsichore, renoncez aux cabrioles,
» aux entrechats & aux pas trop compli-
» qués; abandonnez la minauderie pour
» vous livrer aux sentiments, aux graces
» naïves & à l'expression ; appliquez-
» vous à la Pantomime noble; n'oubliez
» jamais quelle est l'ame de votre Art;
» mettez de l'esprit & du raisonnement
» dans vos pas de deux; que la volupté
» en caractérise la marche & que le gé-
» nie en distribue toutes les situations;
» quittez ces masques froids, copies im-
» parfaites de la nature; ils dérobent vos
» traits, ils éclipsent, pour ainsi dire, vo-
» tre ame, & vous privent de la partie la
» plus nécessaire à l'expression; défaites-
» vous de ces perruques énormes & de
» ces coëffures gigantesques, qui font
» perdre à la tête les justes proportions

» qu'elle doit avoir avec le corps ; se-
» couez l'usage de ces paniers roides &
» guindés qui privent l'exécution de ses
» charmes, qui défigurent l'élégance
» des attitudes, & qui effacent la beauté
» des contours que le buste doit avoir
» dans ses différentes positions.

» Renoncez à cette imitation servile
» qui ramene insensiblement l'Art à son
» berceau ; voyez tout ce qui est re-
» latif à votre talent ; soyez original ;
» faites-vous un genre neuf d'après les
» études que vous aurez faites : co-
» piez, mais ne copiez que la na-
» ture ; c'est un beau modele, il n'é-
» gara jamais ceux qui l'ont exactement
» suivie.

» Et vous jeunes gens, qui voulez
» vous mêler de faire des Ballets, & qui
» croyez que pour y réussir, il ne s'agit

» que d'avoir figuré deux ans fous un
» homme de génie, commencez par en
» avoir. Sans feu, fans esprit, fans
» imagination, fans goût & fans con-
» noiffance, ofez - vous vous flatter
» d'être Peintres? Vous voulez compofer
» d'après l'Hiftoire, & vous l'ignorez ;
» d'après les Poëtes, & vous ne les
» connoiffez pas : appliquez - vous à
» les étudier; que vos Ballets foient des
» Poëmes ; apprenez l'Art d'en faire
» un beau choix. N'entreprenez ja-
» mais de traiter de grands deffeins,
» fans en avoir fait un Plan raifonné;
» jettez vos idées fur le papier, relifez-
» les cent fois; divifez votre Drame par
» Scenes ; que chacune d'elles foit
» intéreffante, & conduife fucceffive-
» ment fans embarras, fans inutilité
» à un dénouement heureux; évitez

» soigneusement les longueurs; elles
» refroidissent l'action, & en ralen-
» tissent la marche: songez que les Ta-
» bleaux & les situations sont les plus
» beaux moments de la composition:
» Faites danser vos figurants & vos figu-
» rantes, mais qu'ils parlent & qu'ils peig-
» nent en dansant; qu'ils soient Pan-
» tomimes, & que les passions les
» métamorphosent à chaque instant.
» Si leurs gestes & leurs physionomies
» sont sans cesse d'accord avec leur
» ame, l'expression qui en résultera
» sera celle du sentiment, & vivifiera
» votre ouvrage. N'allez jamais à la
» répétition la tête pleine de figures &
» vuide de bon sens; soyez pénétrés de
» votre sujet; l'imagination vivement
» frappée de l'objet que vous voudrez
» peindre vous fournira les traits;

» les couleurs & les pinceaux. Vos
» Tableaux auront du feu, de l'éner-
» gie; ils feront pleins de vérité, lorfque
» vous ferez affectés & remplis de vos
» modeles. Portez l'amour de votre Art
» jufqu'à l'enthoufiafme. On ne réuffit
» dans les compofitions théatrales qu'au-
» tant que le cœur eft agité ; que l'ame
» eft vivement émue ; que l'imagina-
» tion eft embrafée ; que les paffions
» tonnent, & que le génie éclaire.

» Etes-vous tiedes, au contraire ;
» votre fang circule-t-il paifiblement
» dans vos veines ; votre cœur eft-il de
» glace ; votre ame eft-elle infenfible ?
» renoncez au Théatre ; abandonnez
» un Art qui n'eft pas fait pour vous.
» Livrez-vous à un métier où les mou-
» vements de l'ame foient moins nécef-
» faires que les mouvements des bras,

» & où le génie ait moins à opérer que
» les mains. »

Ces avis donnés & suivis, Monsieur, délivreroient la Scene d'une quantité innombrable de mauvais Danseurs, de mauvais Maîtres de Ballets, & enrichiroient les forges & les boutiques des artisans d'un très-grand nombre d'ouvriers, plus utiles aux besoins de la Société, qu'ils ne l'étoient à ses amusements & à ses plaisirs.

Je suis, &c.

LETTRE V.

Pour vous convaincre, Monsieur, de la difficulté qu'il y a d'exceller dans notre Art, je vais vous faire l'esquisse des connoissances que nous devrions avoir, connoissances, qui toutes indispensables qu'elles sont, ne caractérisent cependant pas distinctement le Maître de Ballets ; car on pourroit les posséder, sans être capable de composer le moindre Tableau, de créer le moindre grouppe, & d'imaginer la moindre situation.

A en juger par la quantité prodigieuse des Maîtres en ce genre qui se trouvent répandus dans l'Europe, on seroit tenté de croire que cet Art est aussi facile qu'il est agréable ; mais ce qui prouve clairement qu'il est mal-aisé d'y réussir, & de le porter à la perfection, c'est que ce titre de Maître de Ballets, si légérement usurpé, n'est que trop rarement mérité. Nul d'entr'eux ne peut exceller, s'il n'est véritablement favorisé par la nature. De quoi peut-on être capable sans le secours du génie, de l'imagination & du goût ? Comment surmonter les obstacles, applanir les difficultés, & franchir les bornes de la médiocrité, si l'on n'a reçu en partage le germe de son Art ; si l'on n'est enfin doüé de toutes les qualités & de tous les talents que l'étude ne donne point ; qui ne peuvent s'acquérir par l'habitude, & qui innés dans le grand Artiste, sont les forces qui lui prêtent des ailes, & qui l'élevent d'un vol rapide au plus haut point de perfection, & au plus haut degré de gloire.

Si vous consultez Lucien, vous apprendrez de lui, Monsieur, toutes les qualités qui distinguent & qui caractérisent le grand Maître de Ballets, & vous verrez que l'Histoire, la Fable, les Poëmes de l'antiquité & la Science des temps exigent toute son application. Ce n'est en effet que d'après d'exactes connoissances dans toutes ces parties que nous pouvons espérer de réussir dans nos compositions. Réunissons le génie du Poëte & le génie du Peintre, puisque notre Art n'emprunte ses charmes que de l'imitation parfaite des objets.

Une teinture de Géométrie ne peut être encore que très-avantageuse : elle répandra de la netteté dans les figures, de la justesse dans les combinaisons, de la précision dans les formes. En abrégeant les longueurs, elle prêtera du feu à l'exécution ; le goût se chargera de l'élégance, le génie enfantera la variété, & l'esprit conduira la distribution.

Le Ballet est une espece de machine, plus ou moins compliquée, dont les différents effets ne frappent & ne surprennent qu'autant qu'ils sont prompts & multipliés. Ces liaisons & ces suites de figures ; ces mouvements qui se succédent avec rapidité ; ces formes qui tournent dans des sens contraires ; ce mêlange d'enchaînements ; cet ensemble & cette harmonie qui régnent dans les temps, & dans les développements : tout ne vous peint-il pas l'image d'une machine ingénieusement construite ?

Les Ballets, au contraire, qui traînent
après

après eux le désordre & la confusion, dont la marche est inégale, dont les Figures sont brouillées, ne ressemblent-ils pas à ces Ouvrages de méchanique mal combinés, qui chargés d'une quantité immense de roues & de ressorts, trompent l'attente de l'Artiste & l'espérance du Public, parce qu'ils péchent également par les proportions & la justesse ?

Nos productions tiennent souvent encore du merveilleux. Plusieurs d'entr'elles exigent des machines : il est, par exemple, peu de sujets dans Ovide, que l'on puisse rendre, sans y associer les changements, les vols, les métamorphoses, &c. Il faut donc qu'un Maître de Ballets renonce aux Sujets de ce genre, s'il n'est machiniste lui-même. On ne trouve malheureusement

E

en Province, que des manœuvres ou des garçons de Théatre, que la protection comique éleve par degré à ce grade ; leurs talents consistent & se renferment dans la science de lever les lustres qu'ils ont mouchés long-temps, ou dans celle de faire descendre par sacades une gloire mal équipée. Les Théatres d'Italie ne brillent point par les machines ; ceux de l'Allemagne, construits sur les mêmes plans, sont également privés de cette partie enchanteresse du Spectacle ; ensorte qu'un Maître de Ballets se trouve fort embarrassé dans ces Théatres, s'il n'a quelque connoissance du méchanisme ; s'il ne peut développer ses idées avec clarté, & construire à cet effet de petits modeles, qui servent toujours plus à l'intelligence des ouvriers, que tous les discours, quelque clairs

& quelque précis qu'ils puissent être.

Les Théatres de Paris & de Londres, sont ceux où l'on trouve dans ce genre les plus grandes ressources. Les Anglois sont ingénieux ; leurs machines de Théatre sont plus simplifiées que les nôtres, aussi les effets en sont-ils aussi prompts que subtils. Chez eux tous les Ouvrages qui concernent la manœuvre, sont d'un fini & d'une délicatesse admirables; cette propreté, ce soin & cette exactitude qu'ils emploient dans les plus petites parties, peuvent contribuer sans doute à la vîtesse & à la précision. C'est principalement dans leurs Pantomimes, genre trivial, sans goût, sans intérêt, & d'une intrigue basse, que les chefs-d'œuvres du méchanisme se déploient. On peut dire que ce Spectacle, qui entraîne après lui des dépenses immenses, n'est fait que pour des yeux que rien ne peut blesser, & qu'il réussiroit médiocrement sur nos Théatres où l'on n'aime la plaisanterie, qu'autant qu'elle est associée à la décence, qu'elle est fine & délicate, & qu'elle ne blesse ni les mœurs ni l'humanité.

Un Compositeur qui veut s'élever au-dessus de l'ordinaire, doit étudier les Peintres, & les suivre dans leurs différentes manieres de composer & de faire. Son Art a le même objet à remplir que le leur, soit pour la ressemblance, le mélange des couleurs, le *clair-obscur* ; soit pour la maniere de groupper & de draper les figures ; de les poser dans des attitudes élégantes ; de leur donner enfin du caractere, du feu, de l'expression, or le Maître de Ballets pourra-t-il réussir s'il ne réunit toutes les parties

& toutes les qualités qui constituent le grand Peintre ?

Je pars de ce principe, pour oser croire que l'étude de l'Anatomie jettera de la netteté dans les préceptes qu'il donnera aux sujets qu'il voudra former : il démêlera dès-lors aisément les vices de conformation, & les défauts d'habitude qui s'opposent si souvent aux progrès des éleves. Connoissant la cause du mal, il y remédiera facilement ; dirigeant ses leçons & ses préceptes d'après un examen sage & exact, ils ne porteront jamais à faux. C'est au peu d'application que les Maîtres apportent à dévoiler la conformation de leurs Ecoliers (conformation qui varie tout autant que les physionomies) que l'on doit cette nuée de mauvais danseurs, qui seroit moindre, sans doute, si on avoit eu le talent de les placer dans le genre qui leur étoit propre.

Monsieur *Bourgelat*, Ecuyer du Roi, chef de l'Académie de Lyon, bien plus cher encore aux étrangers qu'à sa nation, ne s'est pas borné à exercer des chevaux, une grande partie de sa vie; il en a soigneusement recherché la nature; il en a reconnu jusques aux fibres les plus déliées. Ne croyez pas que les maladies de ces animaux aient été l'unique but de ses études anatomiques; il a forcé, pour ainsi dire, la nature à lui avouer ce qu'elle avoit constamment refusé de révéler jusques à lui; la connoissance intime de la succession harmonique des membres du cheval dans toutes ses allures & dans tous les *airs*, ainsi que la découverte de la source, du principe

& des moyens de tous les mouvements dont l'animal est susceptible, l'ont conduit à une méthode unique, simple, facile, qui tend à ne jamais rien exiger du cheval, que dans des temps justes, naturels & possibles; temps qui sont les seuls où l'exécution n'est point pénible à l'animal, & où il ne sauroit se soustraire à l'obéissance.

Le Peintre n'étudie point aussi l'Anatomie pour peindre des Squélettes; il ne dessine point d'après l'Ecorché de *Michel-Ange* pour placer ces Figures hideuses dans ses Tableaux; cependant ces études lui sont absolument utiles pour rendre l'homme dans ses proportions, & pour le dessiner dans ses mouvements & dans ses attitudes.

Si le *nud* doit se faire sentir sous la draperie, il faut encore que les os se faſſent ſentir ſous les chairs. Il eſt eſſentiel de diſcerner la place que chaque partie doit occuper : l'homme enfin doit ſe trouver ſous la draperie ; l'écorché ſous la peau ; & le ſquélette ſous les chairs, pour que la Figure ſoit deſſinée dans la vérité de la nature, & dans les proportions raiſonnées de l'Art.

Le Deſſein eſt trop utile aux Ballets, pour que ceux qui les compoſent, ne s'y attachent pas ſérieuſement. Il contribuera à l'agrément des formes ; il répandra de la nouveauté & de l'élégance dans les Figures, de la volupté dans les grouppes, des graces dans les poſitions du corps, de la préciſion & de la juſteſſe dans les attitudes, & la Danſe ſemera en quelque façon des fleurs ſur les chemins que le goût lui tracera. Néglige-t-on le Deſſein ? on commet des fautes grossieres dans la composition. Les têtes ne se trouvent plus placées agréablement, & contrastent mal avec les effacements du corps; les bras ne sont plus posés dans des situations aisées; tout est lourd, tout annonce la peine, tout est privé d'ensemble & d'harmonie.

Le Maître de Ballets qui ignorera la musique, *phrasera* mal les airs; il n'en saisira pas l'esprit & le caractere; il n'ajustera pas les mouvements de la Danse à ceux de la mesure avec cette précision & cette finesse d'oreille, qui sont absolument nécessaires, à moins qu'il ne soit doué de cette sensibilité d'organe, que la nature donne plus communément que l'Art, & qui est fort au-dessus de celle que l'on peut acquérir par l'application & l'exercice.

Le bon choix des airs est une partie aussi essentielle à la Danse, que le choix des mots & le tour des phrases l'est à l'éloquence. Ce sont les mouvements & les traits de la musique qui fixent & déterminent tous ceux du danseur. Le chant des airs est-il uniforme & sans goût ? le Ballet se modelera d'après lui ; il sera froid & languissant.

Par le rapport intime qui se trouve entre la Musique & la Danse, il n'est pas douteux, Monsieur, qu'un Maître de Ballets retirera des avantages certains de la connoissance pratique de cet Art ; il pourra communiquer ses idées au Musicien, & s'il joint le goût au savoir, il composera ses airs lui-même, ou il fournira au Compositeur les principaux traits qui doivent caractériser son action ; ces traits étant expressifs & variés, la Danse ne pourra manquer de l'être à son tour. La Musique bien faite, doit peindre, doit parler ; la Danse en imitant ses sons, sera l'écho qui répétera tout ce qu'elle articulera. Est-elle muette, au contraire, ne dit-elle rien au danseur ? il ne peut lui répondre, & dès-lors, tout sentiment, toute expression sont bannis de l'exécution.

Rien n'étant indifférent au génie, rien ne doit l'être au Maître de Ballets. Il ne peut se distinguer dans son Art, qu'autant qu'il s'appliquera à l'étude de ceux dont je viens de parler : exiger qu'il les possède tous dans un degré de supériorité, qui n'est réservé qu'à ceux qui se livrent particuliérement à chacun d'eux, ce seroit demander l'impossible.

Je ne veux que des connoiſſances générales ; qu'une teinture de chacune des Sciences, qui par le rapport qu'elles ont entr'elles, peuvent concourir à l'embelliſſement & à la gloire de la nôtre.

Tous les Arts ſe tiennent par la main, & ſont l'image d'une famille nombreuſe qui cherche à s'illuſtrer. L'utilité dont ils ſont à la Société, excite leur émulation ; la gloire eſt leur but ; ils ſe prêtent mutuellement des ſecours pour y atteindre. Chacun d'eux prend des routes oppoſées, comme chacun d'eux a des principes différents ; mais on y trouve cependant certains traits frappants, certain air de reſſemblance, qui annonce leur union intime & le beſoin qu'ils ont les uns des autres pour s'élever, pour s'embellir, & pour se perpétuer.

De ce rapport des Arts, de cette harmonie qui regne entr'eux, il faut conclure, Monsieur, que le Maître de Ballets, dont les connoissances seront le plus étendues, & qui aura le plus de génie & d'imagination, sera celui qui mettra le plus de feu, de vérité, d'esprit & d'intérêt dans ses compositions.

Je suis, &c.

LETTRE VI.

SI les Arts s'entr'aident, Monsieur; s'ils offrent des secours à la Danse, la Nature semble s'empresser à lui en présenter à chaque instant de nouveaux; la Cour & le Village, les Eléments, les Saisons, tout concourt à lui fournir les moyens de se varier & de plaire.

Un Maître de Ballets doit donc tout voir, tout examiner, puisque tout ce qui existe dans l'univers peut lui servir de modele.

Que de Tableaux diversifiés ne trouvera-t-il pas chez les Artisans! Chacun d'eux a des attitudes différentes, relativement aux positions & aux mouvements que leurs travaux exigent. Cette allure, ce maintien, cette façon de se mouvoir, toujours analogue à leur métier & toujours plaisante, doit être saisie par le Compositeur ; elle est d'autant plus facile à imiter qu'elle est ineffaçable chez les gens de métier, eussent-ils même fait fortune & abandonné leurs professions ; effets ordinaires de l'habitude, lorsqu'elle est contractée par le temps, & fortifiée par les peines & les travaux.

Que de Tableaux bizarres & singuliers ne trouvent-ils pas encore dans la multitude de ces oisifs agréables, de ces petits Maîtres subalternes qui font les singes, & les copies chargées des ridicules de ceux à qui l'âge, le nom, ou la fortune semblent donner des privileges de frivolité, d'inconséquence & de fatuité !

Les embarras des rues; les promenades publiques; les guinguettes; les amusements & les travaux de la campagne; une noce villageoise; la chasse; la pêche; les moissons; les vendanges; la maniere rustique d'arroser une fleur, de la cueillir, de la présenter à sa Bergere; de dénicher des oiseaux; de jouer du chalumeau: tout lui offre des Tableaux pittoresques & variés, d'un genre & d'un coloris différents.

Un camp; des évolutions militaires; les exercices; les attaques & les défenses des places; un port de mer; une rade; un embarquement & un débarquement: voilà des images qui doivent attirer nos regards, & porter notre Art à sa perfection, si l'exécution en est naturelle.

Les chefs-d'œuvres des *Racine*, des *Corneille*,

Corneille, des *Voltaire*, des *Crebillon* ne peuvent-ils pas encore servir de modele à la Danse dans le genre noble ? ceux des *Moliere*, des *Regnard* & de plusieurs Auteurs célebres, ne nous présentent-ils pas des Tableaux d'un genre moins élevé ? Je vois le Peuple dansant, se récrier à cette proposition ; je l'entends qui me traite d'insensé : mettre des Tragédies & des Comédies en Danse ? quelle folie ! Y a-t-il de la possibilité ? oui sans doute : resserrez l'action de l'Avare ; retranchez de cette Piece tout dialogue tranquille ; rapprochez les incidents ; réunissez tous les Tableaux épars de ces Drames, & vous réussirez.

Vous rendrez intelligiblement la Scene de la Bague ; celle où l'Avare fouille la Fleche, celle où Frosine l'entretient de sa maîtresse ; vous peindrez le désespoir & la fureur d'Arpagon, avec des couleurs aussi vives que celles que Moliere a employées, si toutefois vous avez une ame. Tout ce qui peut servir à la Peinture, doit servir à la Danse ; que l'on me prouve que les Pieces des Auteurs que je viens de nommer sont dépourvues de caractere, dénuées d'intérêt, privées de situations fortes, & que les *Boucher* & les *Vanloo* ne pourront jamais imaginer d'après ces chefs-d'œuvres, que des Tableaux froids & désagréables, alors je conviendrai que ce que j'ai avancé n'est qu'un paradoxe; mais s'il peut résulter de ces Pieces une multitude d'excellents Tableaux, j'ai gain de cause ; ce n'est plus ma faute si les Peintres Pantomimes nous manquent, & si le génie ne fraie point avec nos danseurs.

Batyle, *Pilade*, *Hilas* ne succéderent-ils pas aux Comédiens, lorsqu'ils furent bannis de Rome; ne commencerent-ils pas à représenter en *Pantomimes* les Scenes des meilleures Pieces de ce temps ? Encouragés par leurs succès, ils tenterent de jouer des Actes séparés, & la réussite de cette entreprise les détermina enfin à donner des Pieces entieres qui furent reçues avec des applaudissements universels.

Mais ces Pieces, dira-t-on, étoient généralement connues; elles servoient, pour ainsi dire, de Programmes aux Spectateurs, qui les ayant gravées dans la mémoire suivoient l'Acteur sans peine, & le devinoient même avant qu'il s'exprimât. N'aurons-nous pas les mêmes avantages, lorsque nous mettrons en

Danse les Drames les plus estimés de notre Théatre ? Serions-nous moins bien organisés que les Danseurs de Rome, & ce qui s'est fait du temps d'*Auguste* ne peut-il se faire aujourd'hui ? Ce seroit avilir les hommes que de le penser, & déprifer le goût & l'esprit de notre siecle que de le croire.

Revenons à mon sujet ; il faut qu'un Maître de Ballets connoisse les beautés & les imperfections de la nature. Cette étude le déterminera toujours à en faire un beau choix ; ces peintures d'ailleurs, pouvant être tour-à-tour historiques, poétiques, critiques, allégoriques & morales, il ne peut se dispenser de prendre des modeles dans tous les rangs, dans tous les états, dans toutes les conditions: A-t-il de la célébrité, il pourra par la magie & les charmes de son Art, ainsi que le Peintre & le Poëte, faire détester & punir les vices, récompenser & chérir les vertus.

Si le Maître de Ballets doit étudier la nature, & en faire un beau choix ; si celui des sujets qu'il veut traiter en Danse contribue en partie à la réussite de son Ouvrage, ce n'est qu'autant qu'il aura l'Art & le génie de les embellir, de les disposer, & de les distribuer d'une maniere noble & pittoresque.

Veut-il peindre, par exemple, la jalousie & tous les mouvements de fureur & de désespoir qui la suivent ? qu'il prenne pour modele un homme dont la férocité & la brutalité naturelle soit corrigée par l'éducation ; un portefaix seroit dans son genre un modele aussi vrai ; mais il ne seroit pas si beau ;

le bâton dans ses mains suppléeroit au défaut d'expression, & cette imitation, quoique prise dans la nature, révolteroit l'humanité, & ne traceroit que le Tableau choquant de ses imperfections. D'ailleurs l'action d'un crocheteur jaloux, sera moins pittoresque que celle d'un homme dont les sentiments seront élevés. Le premier se vengera dans l'instant en faisant sentir le poids de son bras; le second, au contraire, luttera contre les idées d'une vengeance aussi basse que déshonorante; ce combat intérieur de la fureur & de l'élévation de l'ame prêtera de la force & de l'énergie à sa démarche, à ses gestes, à ses attitudes, à sa physionomie, à ses regards; tout caractérisera sa passion, tout décelera la situation de son cœur; les efforts qu'il fera sur lui-même pour modérer les mouvements dont il sera tourmenté, ne serviront qu'à les faire éclater avec plus de véhémence & de vivacité : plus la passion sera contrainte, plus la chaleur sera concentrée, & plus les étincelles auront de feu.

Tel un *Volcan*, dont la tranquillité n'est qu'apparente, & dont le bruit sourd & confus n'annonce qu'un ravage prochain; il mine & renverse ce qui lui résiste; il se fraie des routes souterreines; il perce leurs extrémités, il se fait jour enfin, & ses irruptions n'en sont alors que plus funestes & plus dangereuses.

L'homme grossier & rustique ne peut fournir au Peintre qu'un seul instant; celui qui suit sa vengeance, est toujours celui d'une joie basse & triviale.

L'homme bien né lui en présente au contraire une multitude ; il exprime sa passion & son trouble de cent manieres différentes, & l'exprime toujours avec autant de feu que de noblesse. Que d'oppositions & de contrastes dans ses gestes ! que de gradations & de dégradations dans ses emportements ; que de nuances & de transitions différentes sur sa physionomie ! que de vivacité dans ses regards ! quelle expression, quelle énergie dans son silence ! l'instant où il est détrompé offre encore des Tableaux plus variés, plus séduisants, & d'un coloris plus tendre & plus agréable. Ce sont tous ces traits que le Maître de Ballets doit saisir; c'est enfin l'amour du vrai, du grand & du sublime qui doit conduire ses crayons & déterminer ses pinceaux.

Les Compositeurs célebres, ainsi que les Poëtes & les Peintres illustres se dégradent toujours lorsqu'ils emploient leurs temps, & leur génie a des productions d'un genre bas & trivial. Les grands Hommes ne doivent créer que de grandes choses, & abandonner toutes celles qui sont puériles à ces êtres subalternes, à ces demi-talents dont l'existence seroit absolument ignorée, si l'on ne les voyoit ramper servilement aux pieds des grands, & encenser les idoles de l'opulence.

La nature ne nous offre pas toujours des modeles parfaits; il faut donc avoir l'art de les corriger, de les placer dans des positions agréables, dans des jours avantageux, dans des situations heureuses, qui dérobant aux yeux ce qu'ils ont de défectueux, leur prêtent encore les graces & les charmes, qu'ils devroient avoir pour être vraiment beaux.

Le difficile, comme je l'ai déjà dit, est d'embellir la nature sans la défigurer; de savoir conserver tous ses traits; d'avoir le talent de les adoucir, ou de leur donner de la force. L'instant est l'ame des Tableaux; il est mal-aisé de le saisir, encore plus mal-aisé de le rendre avec vérité. La nature! la nature! & nos compositions seront belles; renonçons à l'Art, s'il n'emprunte ses traits, s'il ne se pare de sa simplicité; il n'est séduisant qu'autant qu'il se déguise, & il ne triomphe véritablement, que lorsqu'il est méconnu, & qu'on le prend pour elle.

Je crois, Monsieur, qu'un Maître de Ballets qui ne sait point parfaitement la Danse, ne peut composer que médiocrement. J'entends par Danse le sérieux;

il est la base fondamentale du Ballet. En ignore-t-on les principes ? on a peu de ressource ; il faut dès-lors renoncer au grand, abandonner l'Histoire, la Fable, les genres nationaux, & se livrer uniquement à ces Ballets de Paysans, dont on est rebattu & ennuyé depuis *Fossan*, cet excellent Danseur comique, qui apporta en France la fureur de Sauter. Je compare la belle Danse à une Mere-langue ; les genres mixtes & corrompus qui en dérivent, à ces *Jargons* que l'on entend à peine, & qui varient à proportion que l'on s'éloigne de la Capitale où regne le langage épuré.

Le mêlange des couleurs, leur dégradation & les effets qu'elles produisent à la lumiere, doivent fixer encore l'attention du Maître de Ballets ; ce n'est que d'après l'expérience que je suis convaincu du relief que cela donne aux Figures, de la netteté que cela répand dans les formes, & de l'élégance que cela prête aux grouppes. J'ai suivi dans *les Jalousies* ou *les Fêtes du serrail* la dégradation des lumieres que les Peintres observent dans leurs Tableaux; les couleurs fortes & entieres tenoient la premiere place, & formoient les parties avancées de celui - ci, les couleurs moins vives & moins éclatantes étoient employées ensuite. J'avois réservé les couleurs tendres & vaporeuses pour les fonds ; la même dégradation étoit observée encore dans les tailles: l'exécution se ressentit de cette heureuse distribution ; tout étoit d'accord, tout étoit tranquille, rien ne se heurtoit, rien ne se détruisoit ; cette harmonie séduisit l'œil, & il embrassoit toutes les parties sans se fatiguer ; mon Ballet eut d'autant plus de succès que dans celui que j'ai intitulé le *Ballet Chinois*, & que je remis à Lyon *, le mauvais arrangement des couleurs & leur mélange choquant blessoit les yeux ; toutes les Figures papillotoient & paroissoient confuses, quoique dessinées correctement ; rien enfin ne faisoit l'effet qu'il auroit dû faire. Les habits *tuerent*, pour ainsi dire l'ouvrage, parce qu'ils étoient dans les mêmes teintes que la décoration : tout étoit riche, tout étoit brillant en couleurs, tout éclatoit avec la même prétention ; aucune partie n'étoit sacrifiée, & cette égalité dans

---

* Ce Ballet a été donné à Paris & à Londres, avec des habits pleins de goût, de la composition du sieur Boquet, Dessinateur de l'Académie Royale de Musique.

les objets privoit le Tableau de son effet, parce que rien n'étoit en opposition. L'œil du Spectateur fatigué ne distinguoit aucune forme ; cette multitude de Danseurs qui traînoient après eux le brillant de l'*Oripeau*, & l'assemblage bizarre des couleurs éblouissoient les yeux sans les satisfaire. La distribution des habits étoit telle que l'homme cessoit de paroître dès l'instant qu'il cessoit de se mouvoir ; cependant ce Ballet fut rendu avec toute la précision possible. La beauté du Théatre lui donnoit une élégance & une netteté qu'il ne pouvoit avoir à Paris, sur celui de M. *Monnet* ; mais, soit que les habits & la décoration n'aient pas été d'accord, soit enfin que le genre que j'ai adopté l'emporte sur celui que j'ai quitté, je suis obligé de convenir que de tous mes Ballets, c'eſt celui qui a fait ici le moins de ſenſation.

La dégradation dans les tailles & dans les couleurs des vêtements eſt inconnue au Théatre ; ce n'eſt pas la ſeule partie que l'on y néglige, mais cette négligence ne me paroît pas excuſable dans de certaines circonſtances, ſurtout à l'Opéra, Théatre de la fiction ; Théatre où la Peinture peut déployer tous ſes tréſors ; Théatre qui ſouvent dénué d'action forte & privée d'intérêt vif, doit être riche en Tableaux de tous les genres, ou du moins devroit l'être.

Une décoration de quelque eſpece qu'elle ſoit eſt un grand Tableau préparé pour recevoir des Figures. Les Actrices & les Acteurs, les Danſeurs & les Danſeuſes ſont les perſonnages qui doivent l'orner & l'embellir ; mais pour que ce Tableau plaise & ne choque point la vue, il faut que de justes propositions brillent également dans les différentes parties qui le composent.

Si dans une décoration, représentant un Temple ou un Palais or & azur, les habillements des Acteurs sont bleus & or, ils détruiront l'effet de la décoration, & la décoration à son tour privera les habits de l'éclat qu'ils auroient eu sur un fonds plus tranquille. Une telle distribution dans les couleurs éclipsera le Tableau ; le tout ne formera qu'un Camaïeux, genre froid & monotone, que les gens de goût regarderont toujours comme un enfant illégitime de la Peinture.

Les couleurs des draperies & des habillements doivent trancher sur la décoration ; je la compare à un beau fonds,

fonds, s'il n'est tranquille, s'il n'est harmonieux, si les couleurs en sont trop vives & trop brillantes, il détruira le charme du Tableau. Il privera les Figures du relief qu'elles doivent avoir; rien ne se détachera, parce que rien ne sera ménagé avec Art, & le papillotage qui résultera de la mauvaise entente des couleurs, ne présentera qu'un panneau de découpures, enluminé sans goût & sans intelligence.

Dans les décorations d'un beau simple & peu varié de couleurs, les habits riches & éclatants peuvent être admis, ainsi que tous ceux qui feront coupés par des couleurs vives & entieres.

Dans les décorations de goût & d'idée, comme Palais Chinois, Place publique de Constantinople, ornés pour

G

une Fête, genre bizarre qui ne soumet la composition à aucune regle sévere, qui laisse un champ libre au génie, & dont le mérite augmente à proportion de la singularité que le Peintre y répand; dans ces sortes de décorations, dis-je, brillantes en couleurs, chargées d'étoffes, rehaussées d'or & d'argent, il faut des habits drapés dans le *costume*, mais il les faut simples & dans des nuances entiérement opposées à celles qui éclatent le plus dans la décoration. Si l'on n'observe exactement cette regle, tout se détruira faute d'ombres & d'oppositions ; tout doit être d'accord, tout doit être harmonieux au Théatre, lorsque la décoration sera faite pour les habits, & les habits pour la décoration, le charme de la représentation sera complet.

La dégradation des tailles ne doit pas être observée moins scrupuleusement dans les instants où la Danse fait partie de la décoration. L'Olympe ou le Parnasse sont du nombre de ces morceaux, où le Ballet forme & compose les trois quarts du Tableau, morceaux qui ne peuvent séduire & plaire si le Peintre & le Maître de Ballets ne sont d'accord sur les proportions, la distribution & les attitudes des personnages.

Dans un Spectacle aussi riche en ressources que celui de nôtre Opéra, n'est-il pas choquant & ridicule de ne point trouver de dégradations dans les tailles, lorsqu'on s'y attache & qu'on s'en occupe dans les morceaux de Peinture qui ne sont qu'accessoires au Tableau? Jupiter par exemple, au haut de l'Olympe, ou Apollon au sommet du Parnasse, ne devroient-ils pas paroître plus petits à raison de l'éloignement que les Divinités & les Muses qui étant au-dessous d'eux sont plus rapprochés du Spectateur. Si pour faire illusion, le Peintre se soumet aux regles de la perspective, d'où vient que le Maître de Ballets qui est Peintre lui-même, ou qui devroit l'être, en secoue le joug ? Comment les Tableaux plairont-ils, s'ils ne sont vraisemblables, s'ils sont sans proportion, & s'ils péchent contre les regles que l'Art a puisé dans la nature par la comparaison des objets ? C'est dans les Tableaux fixes & tranquilles de la Danse que la dégradation doit avoir lieu ; elle est moins importante dans ceux qui varient & qui se forment en dansant. J'entends par Tableau fixe tout ce qui fait grouppe dans l'éloignement; tout ce qui est dépendant de la décoration, & qui d'accord avec elle, forme une grande machine bien entendue.

Mais comment, me direz-vous, observer cette dégradation ? Si c'est un *Vestris* qui danse Apollon, faudra-t-il priver le Ballet de cette ressource, & sacrifier tout le charme qu'il y répandra au charme d'un seul instant ? Non, Monsieur, mais on prendra pour le Tableau tranquille un Apollon proportionné aux différentes parties de la machine; un jeune homme de quinze ans que l'on habillera de même que le véritable Apollon; il descendra du Parnasse, & à l'aide des ailes de la décoration on *l'escamotera*, pour ainsi dire, en substituant à sa place la taille élégante & le talent supérieur.

C'est par des épreuves réitérées que je suis convaincu des effets admirables que produisent les dégradations. Le premier essai que j'en fis, & qui me réussit, fut dans un Ballet de Chasseurs; & cette idée, peut-être neuve dans les Ballets, fut enfantée par l'impression que me fit une faute grossiere de M. *Servandoni*, faute d'inattention, & qui ne peut détruire le mérite de ce grand Peintre; c'étoit, je crois, dans la représentation de la *Forêt enchantée*, Spectacle plein de beauté & tiré du *Tasse*. Un pont fort éloigné étoit placé à la droite du Théatre; un grand nombre de Cavaliers défiloient; chacun d'eux avoit l'air & la taille gigantesque & paroissoit beaucoup plus grand que la totalité du Pont; les chevaux postiches étoient plus petits que les hommes, & ces défauts de proportion choquerent les yeux même les moins connoisseurs. Ce Pont pouvoit avoir de justes proportions avec la décoration, mais il n'en avoit pas avec les objets vivants qui devoient le passer : il falloit donc ou les supprimer, ou leur en substituer de plus petits ; des enfants, par exemple, montés sur des chevaux modelés, proportionnés à leurs tailles, & au Pont, qui dans cette circonstance étoit la partie qui devoit régler & déterminer le Décorateur, auroient produit l'effet le plus séduisant & le plus vrai.

J'essaiai donc dans une chasse d'exécuter ce que j'avois desiré dans le Spectacle de M. *Servandoni* ; la décoration représentoit une *Forêt*, dont les routes étoient paralleles au Spectateur.

Un Pont terminoit le Tableau, en laissant voir derriere lui un Paysage fort éloigné. J'avois divisé cette entrée en six classes toutes dégradées ; chaque classe étoit composée de trois Chasseurs & de trois Chasseresses, ce qui formoit en tout le nombre de trente-six Figurants ou Figurantes ; les tailles de la premiere classe traversoient la route la plus proche du Spectateur ; celles de la seconde les remplaçoient en parcourant la route suivante ; & celles de la troisieme leur succédoient en passant à leur tour sous la troisieme route, ainsi du reste, jusqu'à ce qu'enfin la derniere classe composée de petits enfants termina cette course en passant sur le Pont. La dégradation étoit si correctement observée que l'œil s'y trompoit ; ce qui n'étoit qu'un effet de l'Art & des proportions, avoit l'air le plus vrai & le plus naturel; la fiction étoit telle, que le Public n'attribuoit cette dégradation qu'à l'éloignement des objets, & qu'il s'imaginoit que c'étoit toujours les mêmes Chasseurs & les mêmes Chasseresses qui parcouroient les différents chemins de la forêt. La musique avoit la même dégra dation dans ses sons, & devenoit plus douce, à mesure que la chasse s'enfonçoit dans la forêt, qui étoit vaste & peinte de bon goût.

Voilà, Monsieur, l'illusion que produit le Théatre, lorsque toutes les parties en font d'accord, & que les artistes prennent la nature pour leur guide & leur modele.

Je crois que j'aurai à peu près rempli l'objet que je me suis proposé dans cette Lettre, en vous faisant faire encore une observation sur l'entente des couleurs. *Les Jalousies* ou *les Fêtes du serrail* vous ont offert l'esquisse de la distribution qui doit régner dans les quadrilles des Ballets, mais comme il est plus ordinaire d'habiller les Danseurs & les Danseuses uniformement, j'ai fait une épreuve qui m'a réussi, & qui ôte à l'uniformité des habits le ton dur & monotone qu'ils ont ordinairement; c'est la dégradation exacte de la même couleur divisée dans toutes les nuances, depuis le bleu foncé jusqu'au bleu le plus tendre; depuis le rose vif jusqu'au rose pâle; depuis le violet jusqu'au lilas clair: cette distribution donne du vaste & de la netteté aux Figures; tout se détache & fuit dans de justes proportions; tout enfin a du relief & se découpe agréablement de dessus les fonds.

Si dans une décoration représentant une entrée de l'Enfer, le Maître de Ballets veut que la levée du rideau laisse voir & ce lieu terrible & les tourments des *Danaïdes*, des *Ixion*, des *Tentale*, des *Sysyphe*, & les différents emplois des Divinités infernales ; s'il veut enfin offrir au premier coup d'œil un Tableau mouvant & effrayant des supplices des Enfers, comment réussira-t-il dans cette composition momentanée, s'il n'a l'Art de savoir distribuer les objets & de les ranger dans la place que chacun d'eux doit occuper ; s'il n'a le talent de saisir l'idée premiere du Peintre, & de subordonner toutes les siennes au fonds que celui-ci lui a préparé ? Ce sont des rochers obscurs & lumineux, des parties éteintes, & des parties brillantes de feu ; c'est une horreur bien entendue, qui doit régner dans le Tableau ; tout doit être affreux, tout enfin doit afficher le lieu de la Scene, & annoncer les tourments & les douleurs de ceux qui la rempliffent. Les habitants des Enfers, tels qu'on les repréfente au Théatre, font vêtus de toutes les couleurs qui compofent les flammes; tantôt le fond de leur habit eft noir, tantôt il eft ponceau, ou couleur de feu ; ils empruntent enfin toutes les teintes qui font employées dans la décoration. L'attention que doit avoir le Maitre de Ballets, c'eft de placer fur les parties obfcures de la décoration les habits les plus clairs & les plus brillants, & de diftribuer fur toutes les maffes de *clair* les habits les plus fombres & les moins éclatants; de ce bon arrangement naîtra l'harmonie; la décoration servira, si j'ose m'exprimer ainsi, de *repoussoir* au Ballet ; celui-ci à son tour augmentera le charme de la Peinture, & lui prêtera toutes les forces capables de séduire, d'émouvoir & de faire illusion au Spectateur.

Je suis, &c.

LETTRE VII.

QUE dites-vous, Monsieur, de tous les titres dont on décore tous les jours ces mauvais divertissements destinés en quelque façon à l'ennui, & que suivent toujours le froid & la mélancolie; on les nomme tous Ballets Pantomimes, quoique dans le fond, ils ne disent rien. La plupart des Danseurs ou des Compositeurs devroient adopter l'usage que les Peintres suivoient dans les siecles d'ignorance ; ils substituoient à la place du masque des rouleaux de papier qui sortoient de la bouche des personnages, & sur ces rouleaux l'action, l'expression & la situation que chacun d'eux devoit rendre étoient écrites. Cette précaution utile qui mettoit le Spectateur au fait de l'idée & de l'exécution imparfaite du Peintre, l'instruiroit aujourd'hui de la signification des mouvements méchaniques & indéterminés de nos Pantomimes. Le dialogue spirituel des pas de deux ; les réflexions agréables des entrées seuls, & les conversations raisonnées des Figurants & des Figurantes de nos jours seroient bientôt expliqués. Un bouquet, un rateau, une cage, une vielle, ou une guittare; voilà à peu près ce qui fournit l'intrigue de nos superbes Ballets; voilà les sujets grands & vastes qui naissent des efforts de l'imagination de nos Compositeurs. Avouez, Monsieur, qu'il faut avoir un talent bien éminent & bien supérieur pour les traiter avec quelque distinction. Un petit pas tricoté mal adroitement sur le coup de pied, sert d'exposition, de nœud & de dénouement à ces chefs-d'œuvres ; cela veut dire, voulez - vous danser avec moi? & l'on danse; ce sont là les drames ingénieux dont on nous repaît ; c'est ce qu'on nomme des Ballets d'invention, de la Danse Pantomime; mais laissons-en ramper paisiblement les Auteurs; les ailes sont des ornements étrangers & des instruments inutiles pour quiconque ne peut devoir son éclat à lui-même, & se voit forcé comme les vers luisants à l'emprunter des ténebres & de l'obscurité.

Fossan, le plus agréable & le plus spirituel de tous les Danseurs comiques, a fait tourner la tête aux éleves de *Terpsichore* ; tous ont voulu le copier, même sans l'avoir vu. On a sacrifié le beau genre au trivial ; on a secoué le joug des principes ; on a dédaigné & rejetté toutes les regles ; on s'est livré à des sauts, à des tours de force ; on a cessé de danser, & l'on s'est cru Pantomime, comme si l'on pouvoit être déclaré tel, lorsqu'on manque totalement par l'expression ; lorsqu'on ne peint rien ; lorsque la Danse est totalement défigurée par des *charges* grossieres ; lorsqu'elle se borne à des contorsions hideuses ; lorsque le masque grimace

grimace à contre-sens, enfin lorsque l'action qui devoit être accompagnée & soutenue par la grace est une suite d'efforts répétés, d'autant plus désagréables pour le Spectateur qu'il souffre lui-même du travail pénible & forcé de l'exécutant. Tel est cependant, Monsieur, le genre dont le Théatre est en possession; & il faut convenir que nous sommes riches en sujets de cette espece. Cette fureur d'imiter ce qui n'est pas imitable, fait & fera la perte d'un nombre infini de Danseurs & de Maîtres de Ballets. La parfaite imitation, demande que l'on ait en soi le même goût, les mêmes dispositions, la même conformation, la même intelligence, & les mêmes organes de l'original que l'on se propose d'imiter; or comme il est rare de trouver deux êtres également ressemblants en tout ; il est aussi rare de trouver deux hommes dont les talents, le genre & la maniere soient exactement semblables. Le mélange que les Danseurs ont fait de la cabriole avec la belle Danse a altéré son caractere & dégradé sa noblesse ; c'est un alliage qui diminue sa valeur & qui s'oppose, ainsi que je le prouverai dans la suite, à l'expression vive & à l'action animée qu'elle pourroit avoir, si elle se dégageoit de toutes les inutilités qu'elle met au nombre de ses perfections. Ce n'est pas d'aujourd'hui que l'on donne le titre de Ballet à des Danses figurées que l'on ne devroit appeller que du nom de divertissement ; on prodigua jadis ce titre à toutes les fêtes éclatantes qui se donnerent dans les différentes Cours de l'Europe. L'examen que j'ai fait de toutes ces fêtes me perſuade que l'on a eu tort de le leur accorder. Je n'y ai jamais vu la Danſe en action ; les grands récits étoient mis en uſage au défaut de l'expreſſion des Danſeurs, pour avertir le Spectateur de ce qu'on alloit repréſenter ; preuve très-claire & très-convaincante de leur ignorance, ainſi que du ſilence & de l'inefficacité de leurs mouvements. Dès le troiſieme ſiecle on commençoit à s'appercevoir de la monotonie de cet Art, & de la négligence des Artiſtes ; St. Auguſtin lui-même, en parlant des Ballets, dit qu'on étoit obligé de placer ſur le bord de la Scene un homme qui expliquoit à haute voix l'action qu'on alloit peindre. Sous le regne de Louis XIV, les récits, les dialogues & les monologues ne ſervoient-ils pas également d'interpretes à la Danſe ? Elle ne faiſoit que bégayer. Ses ſons foibles & inarticulés avoient beſoin d'être ſoutenus par la Muſique & d'être expliqués par la Poéſie, ce qui équivaut ſans doute à l'eſpece de Héros d'Armes du Théatre, au Crieur public dont je viens de vous parler. Il eſt en vérité bien étonnant, Monſieur, que l'époque glorieuſe du triomphe des beaux Arts, de l'émulation & des progrès des Artiſtes, n'ait point été celle d'une révolution dans la Danſe & dans les Ballets ; & que nos Maîtres, non moins encouragés & non moins excités alors par les ſuccès qu'ils pouvoient ſe promettre dans un ſiecle où tout ſembloit élever & ſeconder le génie, ſoient demeurés dans la langueur & dans une honteuſe médiocrité. Vous ſavez que le langage de la Peinture, de la Poéſie & de la Sculpture, étoit déjà celui de l'éloquence & de l'énergie. La Muſique, quoiqu'encore au berceau, commençoit à s'exprimer avec nobleſſe ; cependant la Danſe étoit ſans vie, ſans caractere & ſans action. Si le Ballet eſt le frere aîné des autres Arts, ce n'eſt qu'autant qu'il en réunira les perfections ; mais on ne ſauroit lui déférer ce titre glorieux dans l'état pitoyable où il ſe trouve, & convenez avec moi, Monſieur, que ce frere aîné fait pour plaire, eſt un ſujet déplorable, ſans goût, ſans eſprit, ſans imagination, & qui mérite à tous égards l'indifférence & le mépris de ſes ſœurs.

Nous connoiſſons parfaitement le nom des hommes illuſtres qui ſe ſont diſtingués alors, nous n'ignorons pas même ceux des Sauteurs, qui brilloient par leur souplesse & leur agilité, & nous n'avons qu'une idée très-imparfaite du nom de ceux qui composoient les Ballets; quelle sera donc celle que nous nous formerons de leurs talents ? Je considere toutes les productions de ce genre dans les différentes Cours de l'Europe, comme des ombres incomplettes de ce qu'elles sont aujourd'hui & de ce qu'elles pourront être un jour; j'imagine que c'est à tort que l'on a donné ce nom à des Spectacles somptueux, à des Fêtes éclatantes qui réunissoient tout à la fois la magnificence des décorations, le merveilleux des machines, la richesse des vêtements, la pompe du *costume*, les charmes de la Poésie, de la Musique & de la Déclamation, le séduisant des voix, le brillant de l'artifice & de l'illumination, l'agrément de la Danse & des Ballets, l'amusement des Sauts périlleux & des tours de force : toutes ces parties détachées forment autant de Spectacles différents ; ces mêmes parties réunies en composent un digne des plus grands Rois. Ces Fêtes étoient d'autant plus agréables qu'elles étoient diversifiées ; que chaque Spectateur pouvoit y savourer ce qui étoit relatif à son goût & à son génie ; mais je ne vois pas dans tout cela ce que je dois trouver dans le Ballet. Dégagé des préjugés de mon état, & de tout enthousiasme, je considere ce Spectacle compliqué comme celui de la variété & de la magnificence, ou comme la réunion intime des Arts aimables ; ils y tiennent tous un rang égal ; ils ont dans les Programmes les mêmes prétentions ; je ne conçois pas néanmoins comment la Danſe peut donner un titre à ces divertiſſements, puiſqu'elle n'y eſt point en action, qu'elle n'y dit rien, & qu'elle n'a nulle tranſcendance ſur les autres Arts qui concourent unanimement & de concert aux charmes, à l'élégance & au merveilleux de ſes repréſentations.

Le Ballet eſt, ſuivant *Plutarque*, une converſation muette, une peinture parlante & animée qui exprime par les mouvements, les figures & les geſtes. Ces figures ſont ſans nombre, dit cet Auteur, parce qu'il y a une infinité de choſes que le Ballet peut exprimer. *Phrynicus*, l'un des plus anciens Auteurs tragiques, dit que le Ballet lui fourniſſoit autant de traits & de figures différentes que la Mer a de flots aux grandes marées d'hiver.

Conséquemment un Ballet bien fait peut se passer aisément du secours des paroles ; j'ai même remarqué qu'elles refroidissoient l'action, qu'elles affoiblissoient l'intérêt. Je ne fais aucun cas d'un sujet Pantomime qui pour se faire entendre, a recours au récit ou au dialogue. Tout Ballet qui dénué d'intrigue, d'action vive & d'intérêt, ne me déploie que les beautés méchaniques de l'Art, & qui décoré d'un titre ne m'offre rien d'intelligible, ressemble à ces Portraits & à ces Tableaux que les premiers Peintres firent, au bas desquels ils étoient obligés d'écrire le nom des personnages qu'ils avoient voulu peindre, & l'action qu'ils devoient représenter ; tant l'imitation étoit imparfaite, le sentiment foiblement exprimé, la passion mal rendue, le dessein peu correct, & le coloris peu vraisemblable. Lorsque les Danseurs animés par le sentiment, se transformeront sous mille formes différentes avec les traits variés des passions; lorsqu'ils seront des prothées, & que leur physionomie & leurs regards traceront tous les mouvements de leur ame; lorsque leurs bras sortiront de ce chemin étroit que l'école leur a prescrit; & que parcourant avec autant de grace que de vérité un espace plus considérable, ils décriront par des positions justes les mouvements successifs des passions; lorsqu'enfin ils associeront l'esprit & le génie à leur Art; ils se distingueront; les récits dès-lors deviendront inutiles; tout parlera, chaque mouvement dictera une phrase; chaque attitude peindra une situation; chaque geste dévoilera une pensée ; chaque regard annoncera un nouveau sentiment ; tout sera séduisant parce que tout sera vrai, & que l'imitation sera prise dans la nature.

Si je refuse le titre de Ballet à toutes ces Fêtes ; si la plupart des Danses de l'Opéra, quelques agréables qu'elles me paroissent, ne se présentent pas à mes yeux avec les traits distingués du Ballet, c'est moins la faute du célebre Maître qui les compose, que celle des Poëtes.

Le Ballet, dans quelque genre qu'il soit, doit avoir, suivant *Aristote*, ainsi que la Poésie deux parties différentes qu'il nomme *partie de qualité* & *partie de quantité*. Il n'y a rien de sensible qui n'ait sa matiere, sa forme & sa figure ; conséquemment le Ballet cesse d'exister s'il ne renferme ces parties essentielles qui caractérisent, & qui désignent tous les êtres tant animés qu'inanimés. Sa matiere est le sujet que l'on veut représenter ; sa forme est le tour ingénieux qu'on lui donne ; & sa figure se prend des différentes parties qui le composent: la forme constitue donc les *parties de qualité*, & l'étendue, celles de *quantité*; voilà, comme vous voyez, les Ballets subordonnés en quelque sorte aux regles de la Poésie ; cependant ils different des Tragédies & des Comédies en ce qu'ils ne sont point assujettis à l'unité de lieu, à l'unité de temps & à l'unité d'action ; mais ils exigent absolument une unité de dessein, afin que toutes les Scenes se rapprochent & aboutissent au même but. Le Ballet est donc le frere du Poëme ; il ne peut souffrir la contrainte des regles étroites du Drame; ces entraves que le génie s'impose, qui retrecissent l'esprit, qui resserrent l'imagination, anéantiroient totalement la composition du Ballet, & le priveroient de cette variété qui en est le charme.

Il seroit avantageux, Monsieur, aux Auteurs de secouer le joug & de quitter la gêne, si toutefois ils avoient la sagesse de ne pas abuser de la liberté, & d'éviter les pieges qu'elle tend à l'imagination; pieges dangereux dont les Poëtes Anglois les plus célebres n'ont pas eu la force de se garantir. Cette différence du poëme au Drame ne conclut rien contre ce que je vous ai dit dans mes autres Lettres; puisque ces deux genres de Poésie doivent également avoir une exposition, un nœud & un dénouement.

En rapprochant toutes mes idées; en réunissant ce que les Anciens ont dit des Ballets ; en ouvrant les yeux sur mon Art; en examinant ses difficultés; en considérant ce qu'il fut jadis, ce qu'il est aujourd'hui & ce qu'il peut être si l'esprit vient à son aide, je ne puis m'aveugler au point de convenir que la Danse sans action, sans regle, sans esprit & sans intérêt, forme un Ballet ou un Poëme en Danse. Dire qu'il n'y a point de Ballets à l'Opéra, seroit une fausseté. L'Acte des Fleurs ; l'Acte d'*Eglé* dans *les Talents Lyriques* ; le Prologue des Fêtes Grecques & Romaines ; l'Acte Turc de l'*Europe galante ;* un Acte entr'autres de *Castor & Pollux,* & quantité d'autres, où la danse est, ou peut être mise en action avec facilité & sans effort de génie de la part du

Compositeur, m'offrent véritablement des Ballets agréables & très-intéressants; mais les Danses figurées qui ne disent rien ; qui ne présentent aucun sujet ; qui ne portent aucun caractere ; qui ne me tracent point une intrigue suivie & raisonnée ; qui ne font point partie du Drame & qui tombent, pour ainsi parler, des nues, ne sont à mon sens, comme je l'ai déjà dit, que de simples divertissements de Danse, & qui ne me deploient que les mouvements compassés des difficultés méchaniques de l'Art. Tout cela n'est que de la matiere, c'est de l'or pur, si vous voulez, mais dont la valeur sera toujours bornée, si l'esprit ne le met pas en œuvre & ne lui prête mille formes nouvelles. La main habile d'un Artiste célebre peut attacher un prix inestimable aux choses les plus viles, & donner d'un trait hardi à l'argile la moins précieuse le sceau de l'immortalité.

Concluons, Monsieur, qu'il est véritablement peu de Ballets raisonnés; que la Danse est une belle statue agréablement dessinée; qu'elle brille également par les contours, les positions gracieuses, la noblesse de ses attitudes; mais qu'il lui manque une ame. Les connoisseurs la regardent avec les mêmes yeux que *Pigmalion* lorsqu'il contemploit son Ouvrage; ils font les mêmes vœux que lui, & ils desirent ardemment que le sentiment l'anime, que le génie l'éclaire, & que l'esprit lui enseigne à s'exprimer.

Je suis, &c.

LETTRE

LETTRE VIII.

Les Maîtres de Ballets chargés, Monsieur, de la composition des Ballets de l'Opéra, auroient besoin, à mon gré, du génie le plus vaste & le plus poétique. Corriger les Auteurs ; lier la Danse à l'action ; imaginer des Scenes analogues aux Drames ; les coudre adroitement aux sujets ; créer ce qui est échappé au génie des Poëtes ; remplir enfin les vuides & les lacunes qui dégradent leurs productions ; voilà l'ouvrage du Compositeur ; voilà ce qui doit fixer son attention, ce qui peut le tirer de la foule, & le distinguer de ces Maîtres, qui croient être au-dessus de leur état, lorsqu'ils ont arrangé des pas, & ont formé des Figures dont le deſſein ſe borne à des ronds, des quarrés, des lignes droites, des moulinets & des chaînes.

L'Opéra n'eſt fait que pour les yeux & les oreilles ; il eſt moins le Spectacle du cœur & de la raiſon, que celui de la variété & de l'amuſement. On pourroit cependant lui donner une forme & un caractere plus intéreſſant : mais cette matiere étant étrangere à mon Art & au ſujet que je traite, je l'abandonne aux Auteurs ingénieux qui peuvent remédier à la monotonie de la Féerie, & à l'ennui que le merveilleux traîne après lui. Je dirai ſimplement que la Danſe dans ce Spectacle devroit être placée dans un jour plus avantageux ; j'avancerai même que l'Opéra eſt ſon élément, que c'eſt là que l'Art devroit prendre de nouvelles forces, & paroître avec le plus d'avantage ; mais par un malheur qui naît de l'entêtement des Poëtes ou de leur maladresse, la Danse à ce Spectacle ne tient à rien & ne dit rien ; elle est dans mille circonstances si peu analogue au sujet, & si indépendante du Drame, que l'on pourroit la supprimer sans affoiblir l'intérêt, sans interrompre la marche des Scenes, & sans en refroidir l'action. La plupart des Poëtes modernes se servent des Ballets, comme d'un ornement de fantaisie qui ne peut ni soutenir l'ouvrage ni lui prêter de la valeur ; ils regardent, pour ainsi dire, les divertissements qui terminent les Actes, comme autant de panneaux agréablement dessinés & artistement peints qu'ils emploient indifféremment pour la division de leur Tableau : quelle erreur ! ou pour trancher le mot, quelle ignorance ! Un Drame n'est autre chose qu'un grand Tableau qui doit en offrir successivement & avec rapidité une multitude ; or n'est-il pas extravagant de le diviser par lambeaux, d'en interrompre la suite, d'en suspendre l'intrigue, & d'en détruire l'ensemble & l'harmonie ? Ces accessoires & ces épisodes étrangers à l'action nuisent à l'ouvrage ; ces objets contraires & toujours désunis ; ce cahos de choses mal cousues partagent l'attention & fatiguent bien plus l'imagination qu'ils ne la satisfont : dès-lors le plan de l'Auteur disparoit, le fil échappe, la trame se brise, l'action s'évanouit, l'intérêt diminue & le plaisir s'enfuit. Tant que les Ballets de l'Opéra ne seront pas unis étroitement au Drame, & qu'ils ne concourront pas à son exposition, à son nœud & à son dénouement, ils seront froids & désagréables. Chaque Ballet devroit, à mon sens offrir une Scene qui enchaînât & qui liât intimement le premier Acte avec le second, le second avec le troisieme, &c. Ces Scenes absolument nécessaires à la marche du Drame seroient vives & animées; les Danseurs seroient forcés d'abandonner leur allure, & de prendre une ame pour les rendre avec vérité & avec précision ; ils seroient contraints d'oublier en quelque sorte leurs pieds & leurs jambes, pour penser à leur physionomie & à leurs gestes ; chaque Ballet seroit un Poëme qui termineroit l'Acte heureusement : ces Poëmes puisés du fonds même du Drame seroient écrits par le Poëte; le Musicien seroit chargé de les traduire avec fidélité, & les Danseurs de les réciter par le geste, & de les expliquer avec énergie. Par ce moyen, plus de vuide, plus d'inutilité, plus de longueur & plus de froid dans la Danse de l'Opéra; tout seroit saillant & animé; tout marcheroit au but & de concert; tout séduiroit parce que tout seroit spirituel & paroîtroit dans un jour plus avantageux; tout enfin feroit illusion & deviendroit intéressant, parce que tout seroit d'accord, & que chaque partie tenant la place qu'elle doit occuper naturellement, s'entr'aideroit & se prêteroit réciproquement des forces.

J'ai toujours regretté, Monsieur, que M. *Rameau* n'ait pas associé son génie à celui de *Quinault*. Tous deux créateurs & tous deux inimitables, ils auroient été faits l'un pour l'autre ; mais le préjugé, le langage des connoisseurs *sans connoissances* ; les petits propos de ces ignorants titrés qui décident avec arrogance de tous les Arts sans en concevoir la moindre idée ; les cris ou les croassements de ces importants subalternes, de ces êtres ambulants qui ne pensent, n'agissent & ne parlent que d'après les gens du bon ton, qui sifflent ou qui applaudissent sans avoir vu, sans avoir écouté ; tous ces demi-savants encore qui ne savent rien, mais qui se font suivre de la multitude ; chenilles venimeuses qui tourmentent les Arts, & qui flétriroient le génie, si en s'attachant à la superficie de ses rameaux elles n'étoient écrasées ; ce Peuple enfin de Partifans & de Protecteurs qui mandient eux-mêmes des protections, qui font les échos des ridicules & de l'ignorance privilégiée de nos *agréables*, qui ne pouvant juger d'après leur goût & leur lumiere renvoient tout à la comparaifon & humilient fouvent ainfi le grand homme: tout a dégoûté M. *Rameau*, & lui a fait abandonner les grandes idées qu'il pouvoit avoir. Ajoutez à cela les défagréments que tout Auteur effuie des Directeurs de l'Opéra. On leur paroît criminel fi l'on n'eft auffi gothique qu'eux: ils traitent de profanes ceux qui n'adoptent point avec bonhommie les vieilles loix de ce Spectacle, & les anciennes rubriques auxquelles ils font attachés de pere en fils. A peine eft-il permis à un Maître de Ballets de faire changer le mouvement d'un air ancien ; on a beau leur dire que nos Prédécesseurs avoient une exécution simple ; que les airs lents s'ajustoient à la tranquillité & au flegme de leur exécution : vains efforts! Ils connoissent les anciens mouvements, ils savent battre la mesure ; mais ils n'ont que des oreilles, & ne peuvent céder aux représentations que l'Art embelli peut leur faire ; ils regardent tout du but où ils sont restés & ne peuvent pénétrer dans la carriere immense que les talents ont parcourue. La Danse cependant encouragée, applaudie & protégée s'est défait depuis quelque temps des entraves que la Musique vouloit lui donner. Non seulement M. *Lany* fait exécuter les airs dans le vrai goût, il en ajoute encore de modernes aux vieux Opéra & substitue aux chants simples & monotones de la musique de *Lully*, des morceaux pleins d'expression & de variété.

Les Italiens ont été à cet égard bien plus sages que nous. Moins constants pour leur ancienne Musique mais plus fidelles à *Metastasio*, ils l'ont fait & le font mettre encore tous les jours en Musique par tous les Maîtres de Chapelle qui ont des talents. Les Cours d'Allemagne, l'Espagne, le Portugal & l'Angleterre ont conservé pour ce grand Poëte la même vénération; la Musique varie à l'infini, & les paroles quoique toujours les mêmes ont toujours le prix de la nouveauté; chaque Maître de Musique donne à ce Poëte une nouvelle expression, une nouvelle grace; tel sentiment négligé par l'un est embelli par l'autre; telle pensée affoiblie par celui-ci est rendue avec énergie par celui-là ; tel beau vers énervé par *Gronne* * est peint avec des traits de feu & de génie par *Hasse*. ** L'avantage sans doute eût été certain non seulement pour la Danse, mais encore pour les autres Arts qui concourent aux charmes & à la perfection de l'Opéra, si le célebre *Rameau* avoit pu, sans offenser les Nestors du siecle & cette foule de gens qui ne voient rien au-dessus de *Lully*, mettre en Musique les chefs-d'œuvres du Pere & du Créateur de la Poésie lyrique. Cet homme d'un génie vaste & sublime embrassoit toutes les parties à la fois ; ses compositions sont ou peuvent être aisément le triomphe

* Maître de Musique du Roi de Prusse.

** Maître de Chapelle du Roi de Pologne, Electeur de Saxe.

des Arts; tout est beau, tout est grand, tout est harmonieux; chaque Artiste peut en entrant dans les vues de cet Auteur produire des chefs-d'œuvres différents. Maîtres de Musique & de Ballets, Chanteurs & Danseurs, Chœurs, Peintres, Décorateurs, Dessinateurs d'habits, Machinistes, tous également peuvent avoir part à sa gloire. Ce n'est pas que la Danse dans tous les Opéra de *Quinault* soit généralement bien placée & toujours en action; mais il seroit facile de faire ce que le Poëte a négligé, & de finir ce qui de sa part ne peut être envisagé que comme des ébauches.

Dussai-je me faire une multitude d'ennemis sexagenaires, je dirai que la Musique dansante de *Lully* est froide, langoureuse & sans caractere: elle fut composée à la vérité dans un temps où la Danse étoit tranquille & où les Danseurs ignoroient totalement ce que c'est que l'expression. Tout étoit donc à merveille ; la Musique étoit faite pour la Danse, & la Danse pour la Musique ; mais ce qui se marioit alors ne peut plus s'allier aujourd'hui : les pas sont multipliés ; les mouvements sont rapides & se succédent avec promptitude ; les enchaînements & le mêlange des temps sont sans nombre ; les difficultés, les cabrioles, le brillant, la vîtesse, les repos, les indécisions, les attitudes mâles, les positions variées, tout cela, dis-je, ne peut plus s'ajuster avec cette Musique tranquille & ce chant uniforme qui regne dans la composition des anciens Maîtres. La Danse sur de certains airs de *Lully*, me fait une impression semblable à celle que j'éprouve dans la Scene des deux Docteurs du *Mariage Forcé* de *Moliere*. Ce contraste d'une volubilité extrême & d'un flegme inébranlable, produit sur moi le même effet. Des contraires aussi choquants, ne peuvent en vérité trouver place sur la Scene ; ils en détruisent le charme & l'harmonie & privent les Tableaux de leur ensemble.

La Musique est à la Danse ce que les paroles sont à la Musique ; ce parallele ne signifie autre chose, si ce n'est que la Musique dansante est ou devroit être le Poëme écrit qui fixe & détermine les mouvements & l'action du Danseur ; celui-ci doit donc le réciter & le rendre intelligible par l'énergie & la vérité de ses gestes, par l'expression vive & animée de sa Physionomie ; conséquemment la Danse en action est l'organe qui doit rendre, & qui doit expliquer clairement les idées écrites de la Musique.

Rien ne seroit si ridicule qu'un Opéra sans paroles; jugez-en, je vous prie, par la Scene d'*Antonin Caracalla* dans la petite Piece de *la Nouveauté* ; sans le dialogue qui la précede, comprendroit-on quelque chose à l'action des Chanteurs? eh bien, Monsieur, la Danse sans Musique n'est pas plus expressive que le Chant sans paroles ; c'est une espece de folie, tous ses mouvements sont extravagants, & n'ont aucune signification. Faire des pas hardis & brillants; parcourir le Théatre avec autant de vîtesse que de légéreté sur un air froid & monotone, voilà ce que j'appelle une Danse sans musique ? C'est à la composition variée & harmonieuse de M.

Rameau ; c'eſt aux traits & aux converſations ſpirituelles qui régnent dans ſes airs, que la Danſe doit tous ſes progrès. Elle a été réveillée, elle eſt ſortie de la léthargie où elle étoit plongée, dès l'inſtant que ce créateur d'une Muſique ſavante mais toujours agréable & toujours voluptueuſe a paru ſur la Scene. Que n'eut-il pas fait ſi l'uſage de ſe conſulter mutuellement eût régné à l'Opéra, ſi le Poëte & le Maître de Ballets lui avoient communiqué leurs idées, ſi on avoit eu le ſoin de lui eſquiſſer l'action de la Danſe, les paſſions qu'elle doit peindre ſucceſſivement dans un ſujet raiſonné, & les Tableaux qu'elle doit rendre dans telle ou telle ſituation ! C'eſt pour lors que la Muſique auroit porté le caractere du Poëme ; qu'elle auroit

auroit tracé les idées du Poëte, qu'elle auroit été parlante & expressive, & que le Danseur auroit été forcé d'en saisir les traits, de se varier & de peindre à son tour. Cette harmonie qui auroit régné dans deux Arts si intimes, auroit produit l'effet le plus séducteur & le plus admirable; mais par un malheureux effet de l'amour propre, les Artistes loin de se connoître & de se consulter s'évitent scrupuleusement. Comment un Spectacle aussi composé que celui de l'Opéra peut-il réussir, si ceux qui sont à la tête des différentes parties qui lui sont essentielles, opérent sans se communiquer leurs idées ?

Le Poëte s'imagine que son Art l'éleve au-dessus du Musicien; celui-ci craindroit de déroger s'il consultoit le Maître de Ballets; celui-là ne se com-
K

munique point au Deſſinateur; le Peintre décorateur ne parle qu'aux Peintres en ſous-ordre, & le Machiniſte enfin ſouvent mépriſé du Peintre, commande ſouverainement aux manœuvres du Théatre. Pour peu que le Poëte s'humaniſât, il donneroit le ton & les choſes changeroient de face, mais il n'écoute que ſa verve : dédaignant les autres Arts il ne peut en avoir qu'une foible idée; il ignore l'effet que chacun d'eux peut produire en particulier, & celui qui peut réſulter de leur union & de leur harmonie ; le Muſicien à ſon exemple prend les paroles, il les parcourt ſans attention, & ſe livrant à la fertilité de ſon génie, il compoſe de la Muſique qui ne ſignifie rien, parce qu'il n'a pas entendu le ſens de ce qu'il n'a lu que des yeux, ou qu'il ſacrifie au brillant de son Art & au grouppe d'harmonie qui le flatte, l'expression vraie qu'il devroit attacher au récitatif. Fait-il une ouverture ? elle n'est point relative à l'action qui va se passer ; qu'importe après tout ? n'est-il pas sûr de la réussite si elle fait grand bruit ? Les airs de Danse sont toujours ceux qui lui coûtent le moins à composer ; il suit à cet égard les vieux modeles ; ses prédécesseurs sont ses guides ; il ne fait aucun effort pour répandre de la variété dans ces sortes de morceaux & pour leur donner un caractere neuf ; ce chant monotone dont il devroit se défier, qui assoupit la Danse & qui endort le Spectateur, est celui qui le séduit, parce qu'il lui coûte moins de peine à saisir, & que l'imitation servile des airs anciens n'exige ni un goût, ni un talent, ni un génie supérieurs.

Le Peintre décorateur, faute de connoître parfaitement le Drame, donne souvent dans l'erreur; il ne consulte point l'Auteur mais il suit ses idées, qui souvent fausses s'opposent à la vraisemblance qui doit se trouver dans les décorations, à l'effet d'indiquer le lieu de la Scene. Comment peut-il réussir, s'il ignore l'endroit où elle doit se passer? Ce n'est cependant que d'après les connoissances exactes de l'action & des lieux qu'il devroit agir; sans cela, plus de vérité, plus de *costume*, plus de pittoresque.

Chaque Peuple a des loix, des coutumes, des usages, des modes & des cérémonies opposées; chaque Nation differe dans ses goûts, dans son architecture, dans sa maniere de cultiver les Arts : celui d'un habile Peintre est donc de saisir cette variété; son pinceau doit être fidelle : s'il n'est de tous les pays, il cesse d'être vrai & n'est plus en droit de plaire.

Le Dessinateur pour les habits ne consulte personne ; il sacrifie souvent le *costume* d'un Peuple ancien à la mode du jour, ou au caprice d'une Danseuse ou d'une Chanteuse en réputation.

Le Maître de Ballets n'est instruit de rien; on le charge d'une partition, il compose des Danses sur la Musique qui lui est présentée; il distribue les pas particuliers, & l'habillement donne ensuite un nom & un caractere à la Danse.

Le Machiniste est chargé du soin de présenter les Tableaux du Peintre dans le point de perspective & dans les différents jours qui leur conviennent ; son premier soin est de ranger les morceaux de décorations avec tant de justesse, qu'ils n'en forment qu'un seul bien entendu & bien d'accord ; son talent consiste à les présenter avec vîtesse, & à les dérober avec promptitude. S'il n'a pas l'Art de distribuer les lumieres à propos, il affoiblit l'ouvrage du Peintre & il renverse l'effet de la décoration. Telle partie du Tableau qui doit être éclairée devient noire & obscure ; telle autre qui demande à être privée de lumiere se trouve claire & brillante. Ce n'est pas la grande quantité de lampions jetés au hazard, ou arrangés symmétriquement qui éclaire bien un Théatre & qui fait valoir la Scene ; le talent consiste à savoir distribuer les lumieres par parties ou par *masses* inégales, afin de forcer les endroits qui demandent un grand jour, de ménager ceux qui en exigent peu, & de négliger les parties qui en sont moins susceptibles. Le Peintre étant obligé de mettre des nuances & des dégradations dans ces Tableaux pour que la perspective s'y rencontre, celui qui doit l'éclairer devroit, ce me semble, le consulter, afin d'observer les mêmes nuances & les mêmes dégradations dans les lumieres. Rien ne seroit si mauvais qu'une décoration peinte dans le même *ton* de couleur & dans les mêmes nuances; il n'y auroit ni lointain ni perspective; de même, si les morceaux de Peinture divisés pour former un tout sont éclairés avec la même force, il n'y aura plus d'*entente*, plus de *masse*, plus d'opposition, & le Tableau sera sans effet.

Permettez-moi, Monsieur, une digression; quoiqu'étrangere à mon Art, elle pourra peut-être devenir utile à l'Opéra.

La Danse avertit en quelque façon le Machiniste de se tenir prêt au changement de décorations; vous savez en effet que le divertissement terminé, les lieux changent. Comment remplit-on ordinairement l'intervalle des Actes, Intervalle absolument nécessaire à la manœuvre du Théatre, au repos des Acteurs, & au changement d'habits de la Danse & des Chœurs ? Que fait l'Orchestre ? elle détruit les idées que la Scene vient d'imprimer dans mon ame; elle joue un *Passepied*; elle reprend un *Rigaudon* ou un *Tambourin* fort gai, lorsque je suis vivement ému & fortement attendri par l'action sérieuse qui vient de se passer; elle suspend le charme d'un moment délicieux; elle efface de mon cœur les images qui l'intéressoient; elle étouffe & amortit le sentiment dans lequel il se plaisoit ; ce n'est pas tout encore, & vous allez voir le comble de l'inintelligence; cette action touchante n'a été qu'ébauchée ; l'Acte suivant doit la terminer & me porter les derniers coups ; or de cette Musique gaie & triviale, on passe subitement à une *Ritournelle* triste & lugubre : quel contraste choquant ! S'il permet encore à l'Acteur de me ramener à l'intérêt qu'il m'a fait perdre, ce ne sera qu'à pas lents ; mon cœur flottera long-temps entre la distraction qu'il vient d'éprouver & la douleur à laquelle on tente de le rappeller ; le piege que la fiction me présente une seconde fois me paroît trop grossier ; je cherche à l'éviter & à m'en défendre machinalement & malgré moi, & il faut alors que l'Art fasse des efforts inouis pour m'en imposer, & pour me faire succomber de nouveau. Vous conviendrez que cette vieille méthode, si chere encore à nos Musiciens, blesse toute vraisemblance. Ils ne doivent pas se flatter de triompher de moi au point d'exciter à leur gré & subitement dans mon ame tous ces ébranlements divers ; le premier instant me disposoit à céder à l'impression qui devoit résulter des objets qui m'étoient offerts. Le second détruit totalement ce premier effet, & la nouvelle sensation qu'il produit sur moi est si différente & si distante de celle à laquelle je m'étois d'abord livré, que je ne saurois y revenir sans une peine extrême, sur-tout lorsque mes fibres ont naturellement plus de propension & plus de tendance à se déployer dans le dernier sens où elles viennent d'être mues ; en un mot, Monsieur, cette chûte soudaine, ce brusque passage du pathétique à l'enjoué, du diatonique enharmonique, * ou du chromatique enharmonique à une *Gavotte,* ou à une

* Le Trio des Parques d'*Hippolite* & d'*Aricie* qui n'avoit pu être rendu à l'Opéra tel qu'il est, offre un exemple de ce genre. Nous en avions un du second dans le tremblement de terre fait pour le second Acte des *Indes Galantes*, que l'Orchestre ne put jamais exécuter en 1735, & dont l'effet avoit été néanmoins surprenant dans l'épreuve ou dans l'essai que des Musiciens habiles & de bonne volonté en avoient fait en présence de M. *Rameau.* Si ces morceaux n'eussent pas été au-dessus des forces des exécutants, croyez-vous qu'un *Tambourin* qui les

forte de *Pont-neuf*, ne me femblent pas moins difcordant, qu'un air qui commenceroit dans un ton & qui finiroit dans un autre. J'ofe croire qu'une pareille difparate blelfera toujours ceux que le plaifir de fentir conduit au Spectacle, car elle ne peut n'être pas apperçue que par les Originaux qui n'y vont que par air, & qui tenant une énorme lorgnette à la main, préférent la fatisfaction d'étaler leurs ridicules, de voir & d'être vus, à celle de goûter les délices que les Arts réunis par l'efprit, par le génie & par le goût peuvent procurer.

Que les Poëtes defcendent du facré

auroit fuivi eût été bien placé? & tout entracte ne feroit-il pas mieux employé par le Muficien, s'il lioit le fujet, s'il tâchoit de conferver l'impreffion faite, & de préparer le Spectateur à celle à laquelle il veut le conduire.

Valion; que les Artistes chargés de différentes parties qui composent l'Opéra agissent de concert, & se prêtent mutuellement des secours, ce Spectacle alors aura le plus grand succès ; les talents réunis réussiront toujours. Il n'y a qu'une basse jalousie, & qu'une mésintelligence indigne des grands hommes, qui puissent flétrir les Arts, avilir ceux qui les professent, & s'opposer à la perfection d'un ouvrage qui exige autant de détails & de beautés différentes que l'Opéra.

J'ai toujours regardé ce Spectacle comme un grand Tableau qui doit offrir le merveilleux & le sublime de la Peinture dans tous les genres ; dont la toile doit être esquissée par un homme célebre, & peinte ensuite par des Peintres habiles dans des genres opposés, qui tous animés par l'honneur & la noble ambition de plaire doivent terminer le chef-d'œuvre avec cet accord & cette intelligence qui annoncent & qui caractérisent les vrais talents. L'homme célebre qui a fait choix du sujet, qui en a disposé les parties, qui les a distribuées avec autant de goût que d'Art, & qui a esquissé la toile, voilà le Poëte; c'est de lui premiérement que dépend le succès, puisque c'est lui qui compose, qui place, qui dessine & qui met à proportion de son génie plus ou moins de beautés, plus ou moins d'actions, & par conséquent plus ou moins d'intérêt dans son Tableau. Les Peintres qui secondent son imagination sont le Maître de Musique, le Maître de Ballets, le Peintre décorateur, le Dessinateur pour le *Costume* des habits & le

Machiniste : tous cinq doivent également concourir à la perfection & à la beauté de l'Ouvrage, en suivant exactement l'idée primitive du Poëte, qui à son tour doit veiller soigneusement sur le tout. L'œil du Maître est un point nécessaire, il doit entrer dans tous les détails. Il n'en est point de petits & de minutieux à l'Opéra ; les choses qui paroissent de la plus foible conséquence choquent, blessent & déplaisent lorsqu'elles ne sont pas rendues avec exactitude & avec précision. Ce Spectacle ne peut donc souffrir de médiocrité, il ne séduit qu'autant qu'il est parfait dans toutes ses parties. Convenez, Monsieur, qu'un Auteur qui abandonne son ouvrage aux soins de cinq personnes qu'il ne voit jamais, qui se connoissent à peine, & qui s'évitent toutes, ressemble assez à ces Peres qui confient l'éducation de leurs fils à des mains étrangeres, & qui par dissipation ou par esprit de grandeur croiroient déroger, s'ils veilloient à leurs progrès. Que résulte-t-il d'un préjugé si faux ? Tel enfant né pour plaire, devient maussade & ennuyeux. Voilà l'image du Poëte dans celui du Pere, & l'exemple du Drame dans celui de l'enfant.

Vous me direz peut-être que je fais d'un Poëte un homme universel ? Non, Monsieur, mais un Poëte doit avoir de l'esprit & du goût. Je suis du sentiment d'un Auteur, qui dit, que les grands morceaux de Peinture, de Musique & de Danse qui ne frappent pas à un certain point un ignorant bien organisé sont ou mauvais ou médiocres.

Sans être Musicien, un Poëte ne peut-il

peut-il pas sentir si tel trait de Musique rend sa pensée, si tel autre n'affoiblit pas l'expression ; si celui-ci prête de la force à la passion, & donne des graces & de l'énergie au sentiment? Sans être Peintre-Décorateur, ne peut-il pas concevoir si telle décoration qui doit représenter une Forêt de l'Affrique, n'emprunte pas la forme de celle de Fontainebleau ? Si telle autre qui doit offrir une rade de l'Amérique, ne ressemble pas à celle de Toulon? si celle-ci qui doit montrer le Palais de quelque Empereur du Japon, ne se rapproche pas trop de celui de Versailles? & si la derniere qui doit tracer les jardins de *Sémiramis*, n'offre pas ceux de Marly ? Sans être Danseur & Maître de Ballets, il peut également s'appercevoir de la confusion qui y régnera, du peu d'expression des exécutans ; il peut, dis-je, sentir si son action est rendue avec chaleur ; si les Tableaux en sont assez frappants ; si la Pantomime est vraie, & si le caractere de la Danse répond au caractere du Peuple & de la Nation qu'elle doit représenter. Ne peut-il pas encore sentir les défauts qui se rencontrent dans les vêtements par des négligences ou un faux goût, qui s'éloignant du *Costume* détruit toute illusion ? A-t-il besoin enfin d'être machiniste pour s'appercevoir que telle machine ne marche point avec promptitude ? Rien de si simple que d'en condamner la lenteur, ou d'en admirer la précision & la vîtesse. Au reste, c'est au Machiniste à remédier à la mauvaise combinaison qui s'oppose à leurs effets, à leur jeu & à leur activité.

Un Compositeur de Musique devroit savoir la Danse, ou du moins connoître les temps & la possibilité des mouvements qui sont propres à chaque genre, à chaque caractere & à chaque passion, pour pouvoir ajuster des traits convenables à toutes les situations que le Danseur peut peindre successivement; mais loin de s'attacher aux premiers éléments de cet Art & d'en apprendre la théorie, il fuit le Maître de Ballets; il s'imagine que son Art l'éleve & lui donne le pas sur la Danse. Je ne le lui disputerai point, quoi qu'il n'y ait que la supériorité & non la nature du talent, qui puisse mériter des preséances & des distinctions.

La plupart des Compositeurs, suivent, je le répete, les vieilles rubriques de l'Opéra; ils font des *Passepieds*, parce que Mademoiselle *Prévôt* les couroit avec élégance ; des *Musettes*, parce que Mlle. *Sallé* & M. *Dumoulin* les dansoient avec autant de grace que de volupté ; des *Tambourins*, parce que c'étoit le genre où Mlle. *Camargo* excelloit ; des *Chaconnes*, enfin & des *Passacailles*, parce que le célebre *Dupré* s'étoit comme fixé à ces mouvements; qu'ils s'ajustoient à son goût, à son genre & à la noblesse de sa taille; mais tous ces excellents Sujets n'y sont plus, ils ont été remplacés & au-delà, dans des parties, & ne le seront peut-être jamais dans les autres. Mlle. *Lany* a effacé toutes celles qui brilloient par la beauté, la précision & la hardiesse de leur exécution : c'est la premiere Danseuse de l'Univers ; mais on n'a point oublié l'expression naïve de Mlle. *Sallé ;* ſes graces ſont toujours préſentes, & la minauderie des Danſeuſes de ce genre n'a pu éclipſer cette nobleſſe & cette ſimplicité harmonique des mouvements tendres, voluptueux, mais toujours décents de cette aimable Danſeuſe. Perſonne n'a encore ſuccédé à M. *Dumoulin ;* il danſoit les *Pas de deux* avec une ſupériorité que l'on aura de la peine à atteindre ; toujours tendre, toujours gracieux, tantôt Papillon, tantôt Zéphyr, un inſtant inconſtant, un autre inſtant fidelle, toujours animé par un ſentiment nouveau, il rendoit avec volupté tous les Tableaux de la tendreſſe. M. *Veſtris* a remplacé le célebre *Dupré ;* c'eſt faire ſon éloge : mais nous avons M. *Lany,* dont la ſupériorité excite l'admiration & l'éleve au-deſſus de ceux que je pourrois lui prodiguer. Nous avons des Danseurs & des Danseuses qui mériteroient ici une apologie, si cela ne m'éloignoit trop de mon but. Nous avons enfin des Jambes & une exécution que nos prédécesseurs n'avoient point ; cette raison devroit déterminer, ce me semble, les Musiciens à se varier dans leurs mouvements, & à ne plus travailler pour ceux qui n'existent que dans la mémoire du Public, & dont le genre est presque éteint. La Danse de nos jours est neuve, il est absolument nécessaire que sa Musique le soit à son tour.

On se plaint que les Danseurs ont du mouvement sans action, des graces sans expression ; mais ne pourroit-on pas remonter à la source du mal ? Dévoilez-en les causes, vous l'attaquerez avec avantage, & vous emploierez alors les remedes propres à la guérison.

J'ai dit que la plupart des Ballets de ce Spectacle étoient froids, quoique bien deſſinés & bien exécutés : eſt-ce uniquement la faute du Compoſiteur, lui ſeroit-il poſſible d'imaginer tous les jours de nouveaux plans, & de mettre la Danſe en action à la fin de tous les Actes de l'Opéra ? Non, ſans doute, la tâche ſeroit trop pénible à remplir ; un tel projet d'ailleurs ne peut s'exécuter ſans des contradictions infinies, à moins que les Poëtes ne ſe prêtent à cet arrangement, & ne travaillent de concert avec le Maître de Ballets, ſur tous les projets qui auront la Danſe pour but.

Voyons ce que fait habituellement le Maître de Ballets à ce Spectacle,

& examinons l'ouvrage qu'on lui distribue. On lui donne une partie de répétition, il l'ouvre, & il lit; PROLOGUE, Passepied pour les Jeux & les Plaisirs ; Gavotte pour les Ris, & Rigaudon pour les Songes agréables. AU PREMIER ACTE ; air marqué pour les Guerriers, second air pour les mêmes ; Musette pour les Prêtresses. AU SECOND ACTE, Loure pour les Peuples, Tambourin & Rigaudon pour les Matelots. AU TROISIEME ACTE, air marqué pour les Démons ; air vif pour les mêmes. AU QUATRIEME ACTE ; entrée des Grecs & Chaconne, sans compter les Vents, les Tritons, les Naïades, les Heures, les Signes du Zodiaque, les Bacchantes, les Zéphyrs, les Ondains & les Songes funestes, car cela ne finiroit jamais. Voilà le Maître de Ballets bien instruit;

le voilà chargé de l'exécution d'un plan bien magnifique & bien ingénieux ! Qu'exige le Poëte ? que tous les Personnages du Ballet dansent, & on les fait danser : de cet abus naissent les prétentions ridicules ; Monsieur, dit le premier danseur au Maître de Ballets, « je remplace un tel, & je dois danser » tel air. » Par la même raison, Mlle. une telle se réserve les *Passepieds ;* l'autre les *Musettes ;* celle-ci les *Tambourins ;* celui-là les *Loures ;* celui-ci la *Chaconne ;* & ce droit imaginaire, cette dispute d'emplois & de genres fournissent à chaque Opéra, vingt entrées seuls, qui sont dansées avec des habits d'un goût & d'un genre opposé, mais qui ne différent ni par le caractere, ni par l'esprit, ni par les enchaînements de pas, ni par les attitudes ; cette monotonie prend sa source de l'imitation machinale. M. *Vestris* est le premier Danseur, il ne danse qu'au dernier Acte; c'est la regle; elle est au reste conforme au proverbe qui astreint à conserver les meilleures choses pour les dernieres; que font les autres Danseurs de ce genre ? Ils estropient l'original, ils le *chargent* & n'en prennent que les défauts; car il est plus aisé de saisir les ridicules que d'imiter les perfections: tels les courtisans d'*Alexandre*, qui ne pouvant lui ressembler par sa valeur & ses vertus héroïques, portoient tous le col de côté, pour imiter le défaut naturel de ce Prince. Voilà donc de froides copies qui multiplient de cent manieres différentes l'original, & qui le défigurent continuellement. Ceux d'un autre genre sont aussi maussades & aussi ridicules : ils veulent saisir la précision, la gaieté & la belle formation des enchaînements de M. *Lany*, & ils sont détestables. Toutes les femmes veulent danser comme Mlle. *Lany*, & toutes les femmes en ce cas ont des prétentions très-ridicules. Enfin, Monsieur, l'Opéra est, si j'ose m'exprimer ainsi, le Spectacle des singes. L'homme s'évite, il craint de se montrer avec ses propres traits, il en emprunte toujours d'étrangers, & il rougiroit de se ressembler; aussi faut-il acheter le plaisir d'admirer quelques bons Originaux, par l'ennui de voir une multitude de mauvaises copies qui les précedent. Que veulent dire d'ailleurs cette quantité d'entrées seules, qui ne tiennent & ne ressemblent à rien ? Que signifient tous ces corps sans ame, qui se promenent sans graces, qui se déploient sans goût, qui pirouettent sans *à-plomb*, sans fermeté, & qui se succedent d'Acte en Acte avec le même froid ? Pourrons-nous donner le titre de monologue à ces sortes d'entrées dépourvues d'intérêt & d'expression ? Non, sans doute, car le monologue tient à l'action, il marche de concert avec la Scene, il peint, il retrace, il instruit. Mais comment faire parler une entrée seul, me direz-vous ? Rien de si facile, Monsieur, & je vais vous le rouver clairement.

Deux Bergers, par exemple, épris éperdüement d'une Bergere, la ressent de se décider & de faire un choix ; *Thémire*, c'est le nom de la Bergere, hésite, balance, elle n'ôse nommer son vainqueur ; sollicitée vivement, elle cede enfin à l'amour, elle donne la préférence à *Aristée*, elle fuit dans le bois pour cacher sa défaite; mais son vainqueur la suit pour jouir de son triomphe. *Tircis* abandonné, *Tircis* méprisé, peint son trouble & sa douleur; bientôt la jalousie & la fureur s'emparent de son cœur: il s'y livre tout entier, & il m'avertit par sa retraite qu'il court à la vengeance, & qu'il veut immoler son rival. Celui-ci paroît un instant après; tous ses mouvements me tracent l'image du bonheur, ses gestes, ses attitudes, sa physionomie, ses regards, tout me présente le Tableau du sentiment & de la volupté; *Tircis* au désespoir cherche son rival, & il l'apperçoit dans le moment où il exprime la joie la plus délicieuse & la plus pure. Voilà des contrastes simples mais naturels; le bonheur de l'un augmente la peine de l'autre ; *Tircis* défefpéré, n'a d'autre reffource que celle de la vengeance, il attaque *Ariftée* avec cette fureur & cette impétuofité qu'enfante la jaloufie & le dépit de fe voir méprifer ; celui-ci fe défend, mais foit que l'excès du bonheur énerve le courage, foit que l'amour fatisfait foit enfant de la paix, il eft prêt à fuccomber fous les efforts de *Tircis* ; ils fe fervent pour combattre de leurs houlettes; les fleurs & les guirlandes compofées par l'amour & deftinées pour la volupté deviennent les trophées de leur vengeance : tout eft facrifié dans cet inftant de fureur ; le bouquet même dont *Thémire* a décoré l'heureux *Ariftée*, ne fauroit échaper à la rage de l'amant outragé. Cependant *Thémire* paroît ; elle apperçoit fon amant enchaîné avec la guirlande dont elle l'avoit orné ; elle le voit terrassé aux pieds de *Tircis :* quel désordre ! quelle crainte ! Elle frémit du danger de perdre ce qu'elle aime : tout annonce sa frayeur, tout caractérise sa passion. Fait-elle des efforts pour dégager son amant ? C'est l'amour en courroux, c'est l'amour méchant qui les lui fait faire. Furieuse, elle se saisit d'un dard égaré à la chasse, elle s'élance sur *Tircis*, & l'en frappe de plusieurs coups. A ce Tableau touchant, l'action devient générale, des Bergers & des Bergeres accourent de toutes parts; *Thémire* désespérée d'avoir commis une action si barbare, veut s'en punir & se percer le cœur ; les Bergeres s'opposent à un dessein si cruel; *Aristée* partagé entre l'amour & l'amitié, vole vers *Thémire*, la prie,

la presse & la conjure de conserver ses jours : il court à *Tircis* : il s'empresse à lui donner du secours, il invite les Bergers à en prendre soin. *Thémire* désarmée, mais accablée de douleur, fait un effort pour s'approcher de *Tircis*; elle embrasse ses genoux, & lui donne toutes les marques d'un repentir sincere; celui-ci toujours tendre, toujours amant passionné semble cherir le coup qui va le priver de la lumiere. Les Bergeres attendries arrachent *Thémire* de cet endroit, Théatre de la douleur & de la plainte; elle tombe évanouie dans leurs bras. Les Bergers de leur côté entraînent *Tircis*; il est prêt d'expirer, & il peint encore la douleur qu'il ressent d'être séparé de *Thémire*, & de ne pouvoir mourir dans ses bras. *Aristée* ami tendre, mais amant fidelle, exprime
son

son trouble & sa situation de cent manieres différentes; il éprouve mille combats; il veut suivre *Thémire*, mais il ne veut pas quitter *Tircis*; il veut consoler l'amante, mais il veut secourir l'ami. Cette agitation est suspendue, cette indécision cruelle cesse : un instant de réflexion fait triompher dans son cœur l'amitié ; il s'arrache enfin de *Thémire* pour voler à *Tircis*.

Ce plan peut paroître mauvais à la lecture, mais il fera le plus grand effet sur la Scene; il n'offre pas un instant que le Peintre ne puisse saisir ; les situations, & les Tableaux multipliés qu'il présente ont un coloris, une action & un intérêt toujours nouveau ; l'*Entrée seul* de *Tircis* & celle d'*Aristée*, sont pleines de passion; elles peignent, elles expriment ; elles sont de vrais mono-

M

logues. Les deux *pas de trois* sont l'image de la Scene dialoguée dans deux genres opposés, & le Ballet en action qui termine ce petit Roman intéressera toujours très-vivement tous ceux qui auront un cœur & des yeux; si toutefois ceux qui l'exécutent ont une ame & une expression de sentiment aussi vive qu'animée.

Vous concevez, Monsieur, que pour peindre une action où les passions sont variées, & où les transitions de ces mêmes passions sont aussi subites que dans le Programme que je viens de vous tracer, il faut de toute nécessité que la Musique abandonne les mouvements & les modulations pauvres qu'elle emploie dans les airs destinés à la Danse. Des sons arrangés machinalement & sans esprit ne peuvent servir le Danseur, ni convenir à une action vive. Il ne s'agit donc point d'assembler simplement des notes suivant les regles de l'Ecole ; la succession harmonique des tons doit dans cette circonstance imiter ceux de la nature, & l'inflexion juste des sons présenter l'image du Dialogue.

Je ne blâme point généralement, Monsieur, les *Entrées seuls* de l'Opéra ; j'en admire les beautés souvent dispersées, mais j'en voudrois moins. Le trop en tout genre devient ennuyeux ; je desirerois encore plus de variété dans l'exécution : car rien n'est si ridicule, que de voir danser les Bergers de *Tempé*, comme les Divinités de l'*Olympe*. Les habits & les caracteres étant sans nombre à ce Spectacle, je souhaiterois que la Danse ne fût pas toujours la même ; cette uniformité choquante disparoîtroit sans doute, si les Danseurs étudioient le caractere de l'homme qu'ils doivent représenter, s'ils saisissoient ses mœurs, ses usages & ses coutumes ; ce n'est qu'en se substituant à la place du Héros & du Personnage que l'on joue, que l'on peut parvenir à le rendre & à l'imiter parfaitement. Personne ne rend plus de justice que moi aux *Entrées seuls*, dansées par les premiers Sujets ; ils me déploient toutes les beautés méchaniques des mouvements harmonieux du Corps ; mais desirer & faire des vœux pour que ces mêmes sujets faits pour s'illustrer mêlent quelquefois aux graces du corps les mouvements de l'ame ; ambitionner de les admirer sous une forme plus séduisante, & de n'être pas borné enfin à les contempler uniquement comme de belles machines bien combinées & bien proportionnées, ce n'est pas, je crois, méprifer leur exécution, avilir leur talent & décrier leur genre ; c'est exactement les engager à l'embellir & à le varier d'avantage.

Paſſons au vêtement. La variété & la vérité dans le *coſtume* y ſont aussi rares que dans la Muſique, dans les Ballets & dans la Danſe ſimple. L'entêtement eſt égal dans toutes les parties de l'Opéra ; il préſide en Souverain à ce Spectacle. Grec, Romain, Berger, Chaſſeur, Guerrier, Faune, Silvain, Jeux, Plaiſirs, Ris, Tritons, Vents, Feux, Songes, grand Prêtre & Sacrificateurs ; tous les habits de ces Perſonnages ſont coupés ſur le même patron, & ne différent que par la couleur & les embelliſfements que la profusion bien plus que le goût jette au hazard. L'Oripeau brille par-tout : le Paysan, le Matelot & le Héros en sont également chargés; plus un habit est garni de colifichets, de paillettes, de gaze & de réseau, & plus il a de mérite aux yeux de l'Acteur & du Spectateur sans goût. Rien n'est si singulier que de voir à l'Opéra une troupe de Guerriers qui viennent de combattre, de disputer & de remporter la victoire. Traînent-ils après eux l'horreur du carnage ? Leur Physionomie paroît-elle animée ? Leurs regards sont-ils encore terribles ? Leurs cheveux sont-ils épars & dérangés ? non, Monsieur, rien de tout cela ; ils sont parés avec le dernier scrupule, & ils ressemblent plutôt à des hommes efféminés, sortant des mains du Baigneur, qu'à des

Guerriers échappés à celles de l'ennemi. Que devient la vérité? où est la vraisemblance ? d'où naîtra l'illusion? & comment n'être pas choqué d'une action si fausse & si mal rendue? Il faut de la décence au Théatre, j'en conviens, mais il faut encore de la vérité & du naturel dans l'action, du nerf & de la vigueur dans les Tableaux, & un désordre bien entendu dans tout ce qui en exige. Je ne voudrois plus de ces *tonnelets* roides qui dans certaines positions de la Danse placent, pour ainsi dire, la hanche à l'épaule, & qui en éclipsent tous les contours. Je bannirois tout arrangement symmétrique dans les habits ; arrangement froid qui désigne l'Art sans goût & qui n'a nulle grace. J'aimerois mieux des draperies simples & légeres, contrastées par les couleurs,

& distribuées de façon à me laisser voir la taille du Danseur. Je les voudrois légeres, sans cependant que l'étoffe fût ménagée ; de beaux *plis*, de belles *Masses*, voilà ce que je demande ; & l'extrémité de ces draperies voltigeant & prenant de nouvelles formes, à mesure que l'exécution deviendroit plus vive & plus animée, tout auroit l'air léger. Un élan, un pas vif, une fuite agiteroient la draperie dans des sens différents : voilà ce qui nous rapprocheroit de la Peinture, & par conséquent de la Nature ; voilà ce qui prêteroit de l'agrément aux attitudes & de l'élégance aux positions ; voilà enfin ce qui donneroit au Danseur cet air leste qu'il ne peut avoir sous le harnois gothique de l'Opéra. Je diminuerois des trois quarts les paniers ridicules de nos Danseuses; ils s'opposent également à la liberté, à la vîtesse & à l'action prompte & animée de la Danse; ils privent encore la taille de son élégance & des justes proportions qu'elle doit avoir; ils diminuent l'agrément des bras, ils *enterrent*, pour ainsi dire les graces, ils contraignent & gênent la Danseuse à un tel point ? que le mouvement de son panier l'affecte & l'occupe quelquefois plus sérieusement que celui de ses bras & de ses jambes. Tout Acteur au Théatre doit être libre : il ne doit pas même recevoir des entraves du Rôle & du Personnage qu'il a à représenter. Si son imagination est partagée, si la mode d'un *costume* ridicule le gêne au point d'être accablé par son habit, d'en sentir le poids & d'oublier son Rôle, de gémir enfin sous le faix qui l'aſſomme, & de ne point s'intéreſſer à l'action qui ſe paſſe & qu'il doit rendre avec chaleur; il doit dès-lors ſe délivrer d'une mode qui appauvrit l'Art & qui empêche le talent de ſe montrer. Mlle. *Clairon*, Actrice inimitable, faite pour ſecouer les uſages adoptés par l'habitude, a ſupprimé les paniers, & les a ſupprimé ſans préparation, ſans ménagement. Le vrai talent n'eſt qu'un, il plaît ſans Art. Mlle. *Clairon*, en panier ou ſans panier ſera toujours une excellente Actrice ; elle ſeroit la premiere tragique de l'Univers, ſi la Scene Françoiſe n'étoit en poſſeſſion des rares & ſublimes talents de Mlle. *Dumeſnil*, Actrice, qui remuera toujours infailliblement les cœurs ſenſibles aux accents & au cri de la nature. Le caprice n'a point conduit Mlle. *Clairon* lorsqu'elle s'est dépouillée d'un ornement aussi ridicule qu'embarrassant. C'est moins pour se donner le ton de réformatrice des modes, que parce qu'elle mérite le titre de grande Actrice, qu'elle a quitté les paniers. La raison, l'esprit, le bon sens & la nature l'ont guidée dans cette réforme; elle a consulté les anciens, & elle s'est imaginée que *Médée*, *Electre* & *Ariane* n'avoient point l'air, le ton, l'allure & l'habillement de nos petites maîtresses; elle a senti qu'en s'éloignant de nos usages elle se rapprocheroit de ceux de l'antiquité; que l'imitation des Personnages qu'elle représente seroit plus vraie, plus naturelle; que son action d'ailleurs étant vive & animée, elle la rendroit avec plus de feu & de vivacité, lorsqu'elle se seroit débarrassée du poids &

dégagée de la gêne d'un vêtement ridicule ; elle s'est persuadée enfin que le Public ne mesureroit pas ses talents sur l'immensité de son Panier. Il est certain qu'il n'appartient qu'au mérite supérieur d'innover & de changer dans un instant la forme des choses auxquelles l'habitude, bien moins que le goût & la réflexion nous avoient attachés.

M. *Chassé*, Acteur unique qui a trouvé l'Art de mettre de l'intérêt dans des Scenes de glace, & d'exprimer par le geste les pensées les plus froides & les moins frappantes, a secoué pareillement les *tonnelets* ou ces paniers roides qui ôtoient toute aisance à l'Acteur, & qui en faisoient, pour ainsi dire, une machine mal organisée ; les casques & les habits symmétriques furent aussi proscrits par ce grand homme ; il substitua aux *tonnelets* guindés des draperies bien entendues, & aux panaches antiques des plumes distribuées avec goût & élégance. Le simple, le galant & le Pittoresque composoient sa parure.

M. *le Kain* excellent tragique a suivi l'exemple de M. *Chaffé*; il a plus fait encore; il est sorti du tombeau de *Ninus* dans la *Sémiramis* de M. de *Voltaire* les manches retroussées, les bras ensanglantés, les cheveux hérissés & les yeux égarés. Cette Peinture forte mais naturelle frappa, intéressa & jetta le trouble & l'horreur dans l'ame du Spectateur. La réflexion & l'esprit de critique succédérent un instant après à l'émotion mais il étoit trop tard; l'impression étoit faite, le trait étoit lancé, l'Acteur avoit touché le but, & les applaudissements furent la récompense d'une action heureuse, mais hardie, qui sans doute auroit échoué, si un Acteur subalterne & moins accueilli eût tenté de l'entreprendre.

M. *Boquet* chargé depuis quelque temps des desseins & du *costume* des habits de l'Opéra, remédiera facilement aux défauts qui régnent dans cette partie si essentielle à l'illusion, si toutefois on lui laisse la liberté d'agir, & si l'on ne s'oppose point à ses idées qui tendront toujours à porter les choses à leur perfection.

Quant aux décorations, Monsieur, je ne vous en parlerai point; elles ne péchent pas par le goût à l'Opéra, elles pourroient même être belles, parce que les Artistes qui sont employés dans cette partie ont réellement du mérite; mais la cabale & une économie mal entendue bornent le génie des Peintres, elles étouffent leurs talents. D'ailleurs ce qui paroît en ce genre à l'Opéra ne porte jamais le nom de l'Auteur, sur-tout si les applaudissements se font entendre; au moyen de cet arrangement, il y a fort peu d'émulation & par conséquent fort peu de décorations qui ne laissent une infinité de choses à desirer.

Je finirai cette Lettre par une réflexion qui me paroît bien simple. La Danse à ce Spectacle a trop de caracteres idéaux, trop de personnages chimériques & trop d'êtres de fantaisie à rendre, pour qu'elle puisse les représenter tous avec des traits & des couleurs différentes ; moins de féeries , moins de merveilleux, plus de vérité , plus de naturel, & la Danse paroîtra

dans un plus beau jour. Je ferois fort embarrassé, par exemple, de rendre l'action d'une Comete ; celle des signes du Zodiaque ; celle des heures, &c. Les Interpretes de *Sophocle*, d'*Euripide* & d'*Aristophane*, disent cependant que les Danses des Egyptiens représentoient les mouvements célestes & l'harmonie de l'Univers ; ils dansoient en rond autour des Autels qu'ils regardoient comme le Soleil, & cette Figure qu'ils décrivoient en se tenant par les mains désignoit le Zodiaque ou le cercle des Signes ; mais tout cela n'étoit ainsi que bien d'autres choses que des figures & des mouvements de convention, auxquels on attachoit une signification invariable. Je crois donc, Monsieur, qu'il nous seroit plus facile de peindre nos semblables ; que l'imitation en
seroit

seroit plus naturelle & plus séduisante;
Mais c'est aux Poëtes, comme je l'ai dit,
à chercher les moyens de faire paroître
des hommes sur le Théatre de l'Opéra.
Quelle en seroit l'impossibilité ? ce qui
s'est fait une fois, peut se répéter mille
autres avec succès. Il est sûr que les
pleurs d'*Andromaque*, que l'amour
de *Junie* & de *Britannicus*, que la
tendresse de *Mérope* pour *Egiste*, que
la soumission d'*Iphigénie* & l'amour
maternel de *Clytemnestre* toucheront
bien davantage que toute notre magie
d'Opéra. La *Barbe-bleue* & le *petit
Pousset* n'attendrissent que les enfants ;
les Tableaux de l'humanité sont les seuls
qui parlent à l'ame, qui l'affectent, qui
l'ébranlent & qui la transportent ; on
s'intéresse foiblement aux Divinités fabuleuses, parce qu'on est persuadé que

leur puissance & toute l'intelligence qu'elles montrent leurs sont prêtées par le Poëte, on n'est nullement inquiet sur la réussite ; on sait qu'ils viendront à bout de leur dessein, & leur pouvoir diminue en quelque sorte à mesure que notre confiance augmente. Le cœur & l'esprit ne sont jamais la dupe de ce Spectacle ; il est rare, pour ne pas dire impossible, que l'on sorte de l'Opéra avec ce trouble, cette émotion & ce désordre enchanteur que l'on éprouve à une Tragédie ou à une Comédie comme *Cénie*; la situation où elles nous jettent, nous suivroit long-temps, si les images gaies de nos petites Pieces ne calmoient notre sensibilité & n'essuyoient nos larmes.

Je suis, &c.

LETTRE IX.

C'Est comme vous le savez, Monsieur, sur le visage de l'homme que les passions s'impriment, que les mouvements & les affections de l'ame se déploient & que le calme, l'agitation, le plaisir, la douleur, la crainte & l'espérance se peignent tour-à-tour. Cette expression est cent fois plus animée, plus vive & plus précise que celle qui résulte du discours le plus véhément? Il faut un temps pour articuler sa pensée, il n'en faut point à la physionomie pour la rendre avec énergie ; c'est un éclair qui part du cœur, qui brille dans les yeux, & qui répandant sa lumiere sur sur tous les traits annonce le bruit des passions, & laisse voir pour ainsi dire l'ame à nu. Tous nos mouvements sont purement automatiques & ne signifient rien, si la face demeure muette en quelque sorte, & si elle ne les anime & ne les vivifie. La physionomie est donc la partie de nous-mêmes la plus utile à l'expression; or pourquoi l'éclipser au Théatre par un masque & préférer l'Art grossier à la belle nature ? Comment le Danseur peindra-t-il, si on le prive des couleurs les plus essentielles ? Comment fera-t-il passer dans l'ame du Spectateur les mouvements qui agitent la sienne, s'il s'en ôte lui-même le moyen, & s'il se couvre d'un morceau de carton & d'un visage postiche, triste & uniforme, froid & immobile. Le visage est l'organe de la Scene muette, il est l'interprete fidelle de tous les mouvements de la Pantomime : en voilà assez pour bannir les masques de la Danse cet Art de pure imitation, dont l'action doit tendre uniquement à tracer, à séduire & à toucher par la naïveté & la vérité de ses peintures.

Je serois fort embarrassé de démêler l'idée d'un Peintre, & de concevoir le sujet qu'il auroit voulu jeter sur la toile, si toutes les têtes de ses Figures étoient uniformes comme le sont celles de l'Opéra, & si les traits & les caracteres n'en étoient pas variés. Je ne pourrois, dis-je, comprendre ce qui engage tel personnage à lever le bras, tel autre à avoir la main à la garde de son sabre ; il me seroit impossible de discerner le sentiment qui fait lever la tête & les bras à celui - ci, & reculer celui-là ; toutes les Figures fussent-elles dessinées dans les regles de l'Art & les proportions de la nature, il me seroit mal-aisé de saisir l'intention de l'Artiste ; je consulterois en vain toutes les physionomies, elles seroient muettes ; leurs traits monotones ne m'instruiroient pas; leurs regards sans feu, sans passion, sans énergie ne me dicteroient rien ; je ne pourrois me dispenser enfin de regarder ce Tableau comme une copie fort imparfaite de la nature, puisque je n'y rencontrerois pas cette variété qui l'embellit & qui la rend toujours nouvelle.

Le Public s'appercevra-t-il plus facilement de l'idée & du dessein d'un Danseur, si sans cesse il lui cache sa physionomie sous un corps étranger ; s'il enfouit l'esprit dans la matiere, &

s'il substitue aux traits variés de la nature ceux d'un plâtre mal dessiné & enluminé de la maniere la plus désagréable ? Les passions pourront-elles se montrer & percer le voile que l'Artiste met entre le spectateur & lui ? Parviendra-t-il à répandre sur un seul de ces visages artificiels les caracteres innombrables des passions ? lui sera-t-il possible de changer la forme que le moule aura imprimé à son masque ? car un masque de quelque genre qu'il soit est froid ou plaisant, sérieux ou comique, triste ou grotesque. Le *Modeleur* ne lui prête qu'un caractere permanent & invariable ; s'il réussit aisément à bien rendre les Figures hideuses & contrefaites, & toutes celles qui sont purement d'imagination, il n'a pas le même succès lorsqu'il abandonne la *charge*

& qu'il cherche à imiter la belle nature; cesse-t-il de la faire grimacer? il devient froid, ses moules sont de glace, ses masques sont sans caractere & sans vie; il ne peut saisir les finesses des traits & toutes les nuances imperceptibles, qui *grouppant*, pour ainsi dire, la physionomie lui prêtent mille formes différentes. Quel est le *Modeleur* qui puisse entreprendre de rendre les passions dans toutes leurs dégradations? Cette variété immense qui échappe quelquefois à la Peinture & qui est la pierre de touche du grand Peintre, peut-elle être rendue avec fidélité par un faiseur de masques? Non, Monsieur, le Magasin de *Ducreux* ne fut jamais celui de la nature; ses masques en offrent la *charge* & ne lui ressemblent point.

Il faudroit pour autoriser l'usage des

masques dans la Danse en action, en mettre autant de différentes especes sur sa physionomie que *Dom Japhet d'Aménie* met de calottes de diverses couleurs sur sa tête, les ôter & les remettre successivement, suivant les circonstances & les mouvements opposés que l'on éprouveroit dans un *pas de deux*. Mais on est attaché à un usage plus facile, on garde une face empruntée qui ne dit rien, & la Danse qui s'en ressent nécessairement ne parle pas mieux; elle est totalement inanimée.

Ceux qui aiment les masques, qui y sont attachés par ancienneté d'habitude, & qui croiroient que l'Art dégénéreroit si l'on sécouoit le joug des vieilles rubriques de l'Opéra, diront pour autoriser leur mauvais goût, qu'il est des caracteres au Théâtre qui exigent des masques; comme les *Furies*, les *Tritons*, les *Vents*, les *Faunes*, &c. Cette objection est foible, elle est fondée sur un préjugé moins facile à combattre qu'à détruire. Je prouverai premiérement que les masques dont on se sert pour ces sortes de caracteres sont mal modelés, mal peints & qu'ils n'ont aucune vraisemblance; secondement, qu'il est aisé de rendre ces personnages avec vérité sans aucun secours étranger. J'appuierai ensuite ce sentiment par des exemples vivants que l'on ne pourra rejetter si l'on est enfant de la nature, si la simplicité séduit, si le vrai semble préférable à cet Art grossier qui détruit l'illusion & qui affoiblit le plaisir du Spectateur.

Les caracteres que je viens de vous nommer sont idéaux & purement d'imagination ; ils ont été créés & enfantés par les Poëtes ; les Peintres leur ont donné enfuite une réalité par des traits & des attributs différents qui ont varié à mefure que les Arts fe font perfectionnés, & que le flambeau du goût a éclairé les Artiftes. On ne peint plus, ni on ne danfe plus les *Vents* avec des foufflets à la main, des moulins à vent fur la tête & des habits de plumes pour caractérifer la légéreté ; on ne peindroit plus le *monde*, & on ne le danferoit plus avec une coëffure qui formeroit le Mont-Olympe, avec un habit repréfentant une carte de Géographie ; on ne garnira plus fon vêtement d'infcriptions; on n'écrira plus en gros caracteres fur le fein & du côté du cœur, *Gallia*; fur le ventre, *Germania*; fur une jambe, *Italia*; fur le derriere,

Terra australis incognita; sur un bras, *Hispania*, &c. On ne caractérisera plus la Musique avec un habit rayé à plusieurs portées & chargé de croches & de triples croches? on ne la coëffera plus avec les clefs de *G-ré-sol*, de *C-sol ut*, & de *F-ut-fa*? On ne fera plus danser enfin le mensonge avec une jambe de bois, un habit garni de masques, & une lanterne sourde à la main. Ces allégories grossieres ne sont plus de notre siecle ; mais ne pouvant consulter la nature à l'égard de ces êtres chimériques, consultons du moins les Peintres ; ils représentent les *Vents*, les *Furies* & les *Démons* sous des formes humaines ; les *Faunes* & les *Tritons* ont la partie supérieure du corps semblable aux hommes, la partie inférieure tient du Bouc & du Poisson.

Les masques des *Tritons* sont verds & argent; ceux des *Démons* couleur de feu & argent; ceux des *Faunes*, d'un brun noirâtre; ceux des *Vents* sont bouffis & dans l'action de quelqu'un qui fait des efforts pour souffler; tels sont nos masques: voyons présentement en les comparant avec les chefs-d'œuvres de la Peinture s'ils ont quelque ressemblance; je vois dans les Tableaux les plus précieux, des *Tritons* dont les physionomies ne sont point vertes; j'apperçois des *Faunes* & des *Satyres* d'un teint rougeâtre & bazanné, mais un brun sombre n'est pas répandu également sur tous les traits; je cherche des physionomies couleur de feu & argent; mais inutilement; les *Démons* ont un teint rougeâtre, qui emprunte sa couleur de l'élément qu'ils habitent ; je sens la nature & je la vois par-tout ; elle ne se perd point sous l'épaisseur de la couleur & sous la pesanteur de la grosse brosse ; je distingue la forme de tous les traits ; je les trouve si vous voulez hideux, *chargés*, tout me paroît outré ; mais tout me montre l'homme, non comme il est, mais comme il peut être sans choquer la vraisemblance. D'ailleurs la différence de l'homme & de ces êtres engendrés de la fiction & du cerveau des Poëtes n'est-elle pas nécessaire, & les habitants des éléments ne doivent-ils pas différer en quelque chose de l'humanité ? Les masques des *Vents* sont ceux qui ressemblent le mieux aux Originaux que les Peintres nous ont donné, & si l'on a besoin d'un masque au Théatre, c'est sans doute de celui-là. Deux raisons me le feroient adopter.

Premiérement, la difficulté de conserver long-temps cette physionomie boursoufflée; secondement, le peu d'expression de ce genre. Il ne dit rien, il tourne avec rapidité, il a beaucoup de mouvement & peu d'action; c'est un tourbillon de pas sans goût & souvent estropiés qui éblouissent sans satisfaire, qui surprennent sans intéresser, ainsi le masque ne dérobe rien. Je trouve, Monsieur, ce genre si froid & si ennuyeux, que je consentirai même que le Danseur en mette plusieurs, s'il imagine pouvoir amuser par ce moyen ceux qui les aiment. Si l'on en excepte *Borée* dans le Ballet ingénieux des *fleurs*, je ne connois à l'Opéra que des *vents* aussi fatigants qu'incommodes.

En supprimant les masques, ne seroit-il pas possible de déterminer les

Danseurs à s'ajuster d'une maniere plus pittoresque & plus vraie ? Ne pourroient-ils pas suppléer aux dégradations du lointain, & par le secours de quelques teintes légeres & de quelques coups de pinceau distribués avec Art, donner à leurs physionomies le caractere principal qu'elle doit avoir ? On ne peut rejetter cette proposition, sans ignorer ce que la nature peut produire lorsqu'elle est aidée & embellie des charmes de l'Art ; on ne peut, dis-je, me condamner, qu'en ignorant totalement l'effet séduisant qui résulte de cet arrangement & les métamorphoses intéressantes qu'il opére sans éclipser la nature, sans la défigurer, sans affoiblir ses traits, sans la faire grimacer ; un exemple étayera cette vérité, il lui donnera la force de persuader les

gens

gens de goût, & de convaincre une foule d'ignorants incrédules dont le Théatre est infecté.

M. *Garrick* célebre Comédien Anglois est le modele que je vais proposer. Il n'en est pas de plus beau, de plus parfait & de plus digne d'admiration; il peut être regardé comme le Prothée de nos jours car il réunit tous les genres, & les rend avec une perfection & une vérité qui lui attirent non seulement les applaudissements & les suffrages de sa Nation, mais qui excitent encore l'admiration & les éloges de tous les étrangers. Il est si naturel, son expression a tant de vérité, ses gestes, sa physionomie & ses regards sont si éloquents & si persuasifs, qu'ils mettent au fait de la Scene ceux mêmes qui n'entendent point l'Anglois; on le suit sans peine; il touche dans le

Pathétique ; il fait éprouver dans le Tragique les mouvements succeſſifs des paſſions les plus violentes, & ſi j'oſe m'exprimer ainſi, il arrache les entrailles du Spectateur, il déchire ſon cœur, il perce ſon ame, & lui fait répandre des larmes de ſang. Dans le Comique noble il ſéduit & il enchante ; dans le genre moins élevé il amuſe & divertit, & il s'arrange au Théatre avec tant d'Art, qu'il eſt ſouvent méconnu des perſonnes qui vivent habituellement avec lui. Vous connoiſſez la quantité immenſe des caracteres que préſente le Théatre Anglois : il les joue tous avec la même ſupériorité ; il a, pour ainſi dire, un viſage différent pour chaque rôle ; il ſait diſtribuer à propos & ſuivant que les caracteres l'exigent, quelques coups de pinceau ſur les endroits où la phyſionomie doit se *groupper* & faire Tableau; l'âge, la situation, le caractere, l'emploi & le rang du Personnage qu'il doit représenter déterminent ses couleurs & ses pinceaux. Ne pensez pas que ce grand Acteur soit bas, trivial & grimacier; fidelle imitateur de la nature, il en fait faire le plus beau choix, il la montre toujours dans des positions heureuses & dans des jours avantageux; il conserve la décence que le Théatre exige dans les Rôles même les moins susceptibles de graces & d'agréments; il n'est jamais au-dessous ni au-dessus du Personnage qu'il fait; il saisit ce point juste d'imitation que les Comédiens manquent presque toujours; ce tact heureux qui caractérise le grand Acteur & qui le conduit à la vérité, est un talent rare que M. *Garrick* possede; talent d'autant plus estimable, qu'il empêche l'Acteur de s'égarer & de se tromper dans les teintes qu'il doit employer dans ses Tableaux ; car on prend souvent le froid pour la décence, la monotonie pour le raisonnement, l'air guindé pour l'air noble, la minauderie pour les graces, les poumons pour les entrailles, la multiplicité des gestes pour l'action, l'imbécillité pour la naïveté, la volubilité sans nuances pour le feu, & les contorsions de la physionomie pour l'expression vive de l'ame. Ce n'est point tout cela chez M. *Garrick* : il étudie ses rôles, & plus encore les passions. Fortement attaché à son état, il se renferme en lui-même, & se dérobe à tout le monde les jours qu'il joue des rôles importants ; son génie l'éleve au rang du Prince qu'il doit représenter ; il en prend les vertus & les foiblesses ; il en saisit le caractere & les goûts ; il se transforme ; ce n'est plus *Garrick* à qui l'on parle, ce n'est plus *Garrick* que l'on entend : la métamorphose une fois faite, le Comédien disparoît & le Héros se montre ; il ne reprend sa forme naturelle que lorsqu'il a rempli les devoirs de son état. Vous concevez, Monsieur, qu'il est peu libre ; que son ame est toujours agitée ; que son imagination travaille sans cesse ; qu'il est les trois quarts de sa vie dans un Enthousiasme fatigant qui altere d'autant plus sa santé qu'il se tourmente & qu'il se pénetre d'une situation triste & malheureuse, vingt-quatre heures avant de la peindre & de s'en délivrer. Rien de si gai que lui au contraire les jours où il doit représenter un Poëte, un

Artisan, un Homme du Peuple, un Nouvelliste, un petit Maître; car cette espece regne en Angleterre, sous une autre forme à la vérité que chez nous; le génie différera, si vous le voulez, mais l'expression du ridicule & de l'impertinence est égale; dans ces sortes de rôles, dis-je, sa physionomie se déploie avec naïveté; son ame y est toujours répandue; ses traits sont autant de rideaux qui se tirent adroitement, & qui laissent voir à chaque instant de nouveaux Tableaux peints par le sentiment & la vérité. On peut sans partialité le regarder comme le *Roscius* de l'Angleterre, puisqu'il réunit à la diction, au débit, au feu, au naturel, à l'esprit & à la finesse cette Pantomime & cette expression rare de la Scene muette, qui caractérisent le grand Acteur & le parfait

Comédien. Je ne dirai plus qu'un mot au sujet de cet Acteur distingué, & qui va désigner la supériorité de ses talents. Je lui ai vu représenter une Tragédie à laquelle il avoit retouché, car il joint au mérite d'exceller dans la Comédie, celui d'être le Poëte le plus agréable de sa Nation ; je lui ai vu, dis-je, jouer un tyran, qui effrayé de l'énormité de ses crimes, meurt déchiré de ses remords. Le dernier Acte n'étoit employé qu'aux regrets & à la douleur ; l'humanité triomphoit des meurtres & de la barbarie ; le tyran sensible à sa voix détestoit ses crimes ; ils devenoient par gradations ses Juges & ses Bourreaux ; la mort à chaque instant s'imprimoit sur son visage ; ses yeux s'obcurcissoient ; sa voix se prêtoit à peine aux efforts qu'il faisoit pour articuler sa pensée ;

ses gestes, sans perdre de leur expression caractérisoient les approches du dernier instant ; ses jambes se déroboient sous lui ; ses traits s'allongoient ; son teint pâle & livide n'empruntoit sa couleur que de la douleur & du repentir ; il tomboit enfin dans cet instant, ses crimes se retraçoient à son imagination sous des formes horribles. Effrayé des Tableaux hideux que ses forfaits lui présentoient, il luttoit contre la mort ; la nature sembloit faire un dernier effort : cette situation faisoit frémir. Il grattoit la terre, il creusoit en quelque façon son tombeau ; mais le moment approchoit, on voyoit réellement la mort ; tout peignoit l'instant qui ramene à l'égalité ; il expiroit enfin : le hoquet de la mort & les mouvements convulsifs de la Physionomie, des bras

& de la poitrine, donnoient le dernier coup à ce Tableau terrible.

Voilà ce que j'ai vu, Monsieur, & ce que les Comédiens devroient voir; voilà l'homme que je cite pour modele; tant-pis pour ceux qui dédaigneront de le suivre. En imitant ce grand homme, il ne seroit pas difficile d'abolir les masques, parce qu'alors les physionomies seroient parlantes & animées, & que l'on posséderoit le talent de les caractériser avec autant d'Esprit & d'Art que M. *Garrick* lui-même.

Plusieurs personnes prétendent que les masques servent à deux usages : premiérement à l'uniformité ; secondement à cacher les tics ou les grimaces produites par les efforts d'un exercice pénible. Il n'est d'abord question que de savoir si cette uniformité est un bien ; pour moi je l'envifage tout différemment ; je trouve qu'elle altere la vérité & qu'elle détruit la vraifemblance. La nature eft-elle uniforme dans fes productions ? Quel eft le Peuple de la terre à qui elle a donné une exacte reffemblance ? Tout n'eft-il pas varié ? tout ce qui exifte dans l'Univers, n'a-t-il pas des formes, des couleurs & des teintes différentes ? Le même arbre produit-il deux feuilles femblables, deux fleurs pareilles, deux fruits égaux ? Non, fans doute, les gradations & les dégradations des productions de la nature font infinies ; leur variété eft immenfe & incompréhenfible. Si l'on trouve rarement des *Ménechmes* ; fi l'uniformité des traits & la conformité de la reffemblance eft admirée dans deux jumeaux, comme un jeu de la nature, quelle doit être ma surprise, lorsque je verrai à l'Opéra douze hommes qui n'auront à eux tous qu'un même visage ! & quel sera mon étonnement lorsque je trouverai dans les Grecs, dans les Romains, dans les Bergers, dans les Matelots, dans les Jeux, dans les Ris, dans les Plaisirs, dans les Prêtres, dans les Sacrificateurs enfin une seule & même Physionomie ! Quelle absurdité ! sur-tout dans un Spectacle où tout varie, où tout est en mouvement, où les lieux changent, où les nations se succédent, où les vêtements différent à chaque instant, tandis que les physionomies des Danseurs ne sont qu'une : nulle diversité dans les traits, nulle expression, nul caractere : tout meurt, tout languit, & la nature gémit sous un masque froid & désagréable. Pourquoi laisser aux Acteurs & aux Chanteurs des Chœurs leurs physionomies, dès qu'on la dérobe à ceux qui privés de la parole & de l'usage de la voix en auroient encore plus besoin qu'eux? Quel contre-sens que celui qu'offrent le Dieu Pan & une partie des Faunes & des Sylvains de sa suite avec des visages blancs, tandis que l'autre partie porte des masques bruns! Les Démons dansants sont couleur de feu, & ceux qui chantent à côté d'eux ont un teint pâle & livide. Les Dieux marins, les Tritons, les Fleuves, les Ondains ont la physionomie semblable à la nôtre lorsqu'ils chantent ; les fait-on danser ? ce sont des visages verds-de-pré qui passeroient à peine dans une mascarade uniquement destinée au déguisement. Voilà cette uniformité prétendue, absolument détruite. Est-elle nécessaire ? que l'on masque généralement tout le monde. Cesse-t-elle de l'être ? que l'on brise les masques; car les raisons qui en interdisent l'usage aux Acteurs sont les mêmes que celles qui doivent le proscrire dans la Danse. Vous voyez, Monsieur, que toutes les physionomies bigarrées ne sont faites que pour choquer tous ceux qui sont amis du vrai, du simple & du naturel.

Mais passons aux tics ; c'est une objection si foible, qu'il ne me sera pas difficile d'y répondre. Les tics, les contorsions & les grimaces prennent moins naissance de l'habitude, que des efforts violents que l'on fait pour sauter ; efforts qui *contractant* tous les muscles, font grimacer les traits de cent manieres différentes , & auxquels je ne peux reconnoître qu'un Forçat & non un

Danseur & un Artiste. Tout Danseur qui altere ses traits par des efforts & dont le visage est sans cesse en convulsion, est un Danseur sans ame qui ne pense qu'à ses jambes, qui ignore les premiers éléments de son Art, qui ne s'attache qu'à la partie grossiere de la Danse & qui n'en a jamais senti l'esprit. Un tel homme est fait pour aller faire le saut périlleux : le *Tramplain* * & la *Batoude* doivent être son Théatre puisqu'il a sacrifié l'imitation, le génie & les charmes de son Art à une routine qui l'avilit; puisqu'au lieu de s'attacher à peindre & à sentir, il ne s'est appliqué qu'à la méchanique de son talent; puisqu'enfin sa physionomie ne montre que la peine & la douleur, lorsqu'elle

* Planches posées de maniere qu'elles ont une grande élasticité, ce qui facilite les sauts périlleux des Danseurs de corde.

ne devroit me tracer que les paſſions & les affections de ſon ame : un tel homme enfin n'eſt qu'un mal-adroit dont l'exécution pénible eſt toujours déſagréable. Eh! qui peut nous flatter davantage, Monſieur, que l'aiſance & la facilité ? Les difficultés ne ſont en droit de plaire que lorſqu'elles ſe préſentent avec les traits du goût & des graces, & qu'elles empruntent enfin cet air noble & aiſé, qui dérobant la peine ne laiſſe voir que la légéreté. Les Danſeuſes de nos jours ont, proportion gardée, plus d'exécution que les hommes ; elles font tout ce qu'il eſt poſſible de faire. Mlle. *Lany* embarraſſera toujours un Danſeur, s'il n'eſt ferme & vigoureux, vif, brillant & précis. Je demanderai donc pourquoi les Danſeuſes conſervent les graces de leur phyſionomie dans les inſtants

les plus violents de leur exécution ? Pourquoi les muscles du visage ne se *contractent-ils* pas, lorsque toute la machine est ébranlée par des secousses violentes & par des efforts réitérés ? Pourquoi, dis-je, les femmes naturellement moins nerveuses, moins musculeuses & moins fortes que nous, ont-elles la physionomie tendre & voluptueuse, vive & animée, & toujours expressive, lors même que les ressorts & les muscles qui coopérent à leurs mouvements, sont dans une contention forcée, & qui contraint la nature ? D'où vient enfin ont-elles l'Art de dérober la peine, de cacher le travail du corps & les impressions désagréables, en substituant à la grimace convulsive qui naît des efforts la finesse de l'expression la plus délicate & la plus tendre ? C'est qu'elles
apportent

apportent une attention particuliere à l'exercice ; qu'elles savent qu'une contorsion enlaidit les traits, & change le caractere de la physionomie ; c'est qu'elles sentent que l'ame se déploie sur le visage, qu'elle se peint dans les yeux, qu'elle anime & vivifie les traits ; qu'elles sont persuadées enfin que la physionomie est, ainsi que je l'ai dit, la partie de nous-mêmes où toute l'expression se rassemble, & qu'elle est le miroir fidelle de nos sentiments, de nos mouvements & de nos affections. Aussi mettent-elles plus d'ame, plus d'expression & plus d'intérêt dans leur exécution que les hommes. En apportant le même soin qu'elles, nous ne serons ni affreux ni désagréables ; nous ne contracterons plus d'habitude vicieuse ; nous n'aurons plus de tics, & nous pourrons nous passer

P

d'un masque qui dans cette circonstance aggrave le mal sans le détruire ; c'est une emplâtre qui dérobe aux yeux les imperfections, mais qui les laisse subsister. Le remede néanmoins ne pourra s'appliquer, si l'on cache continuellement sa physionomie. En effet, quel conseil peut-on donner à un masque ? il seroit toujours froid & maussade en dépit des bons avis. Que l'on dépouille la Physionomie de ce corps étranger ; que l'on abolisse cet usage qui donne des entraves à l'ame & qui l'empêche de se déployer sur les traits ; alors on jugera le Danseur, on estimera son jeu. Celui qui joindra aux difficultés & aux graces de l'Art cette Pantomime vive & animée, & cette expression rare de sentiment, recevra avec le titre d'excellent Danseur, celui de parfait Comédien ;

les éloges l'encourageront, les avis & les conseils des connoisseurs le conduiront à la perfection de son Art. « On lui
» diroit alors, votre physionomie étoit
» trop froide dans tel endroit ; dans tel
» autre vos regards n'étoient pas assez
» animés ; le sentiment que vous aviez
» à peindre étant foible au-dedans, n'a
» pu se manifester au dehors avec assez
» de force & d'énergie ; aussi vos gestes
» & vos attitudes se sont-ils ressentis
» du peu de feu que vous avez mis dans
» l'action ; livrez-vous donc davantage
» une autre fois; pénétrez-vous de la situa-
» tion que vous avez à rendre, & n'ou-
» bliez jamais que pour bien peindre, il
» faut sentir, mais sentir vivement. » De tels conseils, Monsieur, rendroient la Danse aussi florissante que la Pantomime l'étoit chez les anciens, & lui

donneroit un luftre qu'elle n'atteindra jamais, tant que l'habitude prévaudra fur le bon goût.

Permettez-moi donc de donner la préférence aux Phyfionomies vives & animées. Leur variété nous diftingue, elle indique ce que nous fommes, & nous fauve enfin de la confufion générale qui régneroit dans l'Univers, fi elles fe reffembloient toutes comme à l'Opéra.

Vous m'avez dit plufieurs fois que pour abolir l'ufage des mafques, il faudroit néceffairement que tous les Danfeurs euffent une Phyfionomie théatrale. Je fuis de ce fentiment, & je ne fais pas plus de cas d'un vifage trifte, froid & inanimé que d'un mafque; mais comme il y a trois genres de Danfe, réfervés à des tailles & à des phyfionomies différentes, les Danseurs en s'éxaminant avec soin, & en se rendant justice, pourront tous se placer avantageusement. Leur objet est égal : dans quelque genre que ce soit, ils doivent imiter, ils doivent être Pantomimes & exprimer avec force. Il n'est donc question que de faire parler à la Danse un langage plus ou moins élevé, suivant la dignité du sujet & l'espece du genre.

La Danse sérieuse & héroïque porte en soi le caractere de la Tragédie. La mixte ou demi-sérieuse, que l'on nomme communément *demi-caractere*, celui de la Comédie noble, autrement dit le *haut-comique*. La Danse grotesque, que l'on appelle improprement *Pantomime* puisqu'elle ne dit rien, emprunte ses traits de la Comédie d'un genre comique, gai &

plaisant. Les Tableaux d'histoire du célebre *Vanloo* sont l'image de la Danse sérieuse; ceux du Galant & de l'inimitable *Boucher*, celle de la Danse *demi-caractere* ; ceux enfin de l'incomparable *Téniers*, celle de la Danse comique. Le génie des trois Danseurs qui embrasseront particuliérement ces genres, doit être aussi différent que leur taille, leur physionomie & leur étude. L'un sera grand, l'autre galant, & le dernier plaisant. Le premier puisera ses sujets dans l'Histoire & la Fable; le second dans la Pastorale, & le troisieme dans l'état grossier & rustique.

Il n'est pas moins nécessaire qu'ils aient de l'esprit, du goût & de l'imagination, ainsi que trois grands Peintres dans des genres opposés. Ces trois Danseurs doivent saisir cet instant de vérité

& cette imitation juste qui place la copie au rang de l'original & qui présente l'objet réel dans l'objet imité.

La taille qui convient au sérieux est sans contredit la taille noble & élégante. Ceux qui se livrent à ce genre ont sans doute plus de difficultés à surmonter, & plus d'obstacles à combattre pour arriver à la perfection. C'est avec peine qu'ils se dessinent agréablement : plus les parties ont d'étendue, plus il est difficile de les arrondir & de les développer avec grace. Tout est séduisant, tout est charmant dans les petits enfants ! leurs gestes, leurs attitudes sont pleins de graces, les contours en sont admirables. Si ce charme diminue, si tel enfant cesse de plaire, si ses bras paroissent moins bien dessinés, si sa tête n'a plus cet agrément qui séduisoit le Spectateur, c'est qu'il grandit, que ses membres en s'allongeant perdent de leur gentillesse, & que les beautés réunies dans un petit espace frappent davantage que lorsqu'elles sont éparses. L'œil aime à voir, & n'aime point à chercher. Tout ce qui ne se présente point à nos sens avec les traits de la beauté, ne nous flatte que médiocrement. En fait d'Art agréable, on fuit la peine, on craint l'examen, on veut être séduit, n'importe à quel prix. L'instant est le Dieu qui détermine le Public; que l'Artiste le saisisse, il est sûr de plaire.

La taille qui est propre au *demi-caractere* & à la Danse voluptueuse est sans contredit la moyenne; elle peut réunir toutes les beautés de la taille élégante. Qu'importe la hauteur, si les belles proportions brillent également dans toutes les parties du corps?

La taille du Danseur comique exige moins de perfections; plus elle sera racourcie, & plus elle prêtera de grace, de gentillesse & de naïveté à l'expression.

Les physionomies ainsi que les tailles doivent différer. Une Figure noble, de grands traits, un caractere fier, un regard majestueux, voilà le masque du Danseur sérieux.

Des traits moins grands, une figure aussi agréable qu'intéressante, un visage composé pour la volupté & la tendresse, est la physionomie propre au *demi-caractere* & au genre pastoral.

Une physionomie plaisante & toujours animée par l'enjouement & la gaieté, est la seule qui convienne aux Danseurs comiques. Ils doivent être, pour ainsi dire, les singes de la nature,

& imiter cette simplicité, cette joie franche & cette expression sans Art qui regne au village.

Il n'est donc question, Monsieur, pour se passer de masque & pour réussir, que de s'étudier soi-même. Consultons souvent notre miroir ; c'est un grand Maître qui nous dévoilera toujours nos défauts & qui nous indiquera les moyens de les pallier ou de les détruire, lorsque nous nous présenterons à lui, dégagés d'amour propre & de toutes préventions ridicules. Le caractere de la beauté est beaucoup moins nécessaire à la physionomie que celui de l'esprit ; toutes celles qui, sans être régulieres, sont animées par le sentiment, plaisent bien davantage que celles qui sont belles, sans expression & sans vivacité. Le Théatre d'ailleurs est avantageux à l'Acteur; les lumieres donnent ordinairement de la valeur aux traits, & les phyſionomies qui ſont ſpirituelles gagnent toujours à être vues ſur la Scene. Au reſte, Monſieur, les Danſeurs qui péchent par la taille, par la figure & par l'eſprit, & qui ont des défauts viſibles & rebutans doivent renoncer au Théatre, & prendre, comme je l'ai déjà dit, un métier qui n'exige aucune perfection dans la ſtructure ni dans les traits. Que tous ceux au contraire qui ſont favoriſés de la nature, qui ont un goût vif & décidé pour la Danſe, & qui ſont comme appellés à la pratique de cet Art, apprennent à ſe placer & à ſaiſir le genre qui leur eſt véritablement propre; ſans cette précaution, plus de réuſſite, plus de ſupériorité. *Moliere* n'auroit point eu de ſuccès, s'il eût voulu aspirer à être *Corneille*, & *Racine* n'auroit jamais été un *Moliere*.

Si M. *Préville* n'a pas pris les rôles de Rois, c'est que le caractere plaisant & enjoué de sa figure auroit fait rire au lieu d'en imposer; & s'il excelle dans son emploi, c'est qu'il a su le choisir comme celui qui lui convenoit le mieux, & pour lequel il étoit né. M. *Lany*, par la même raison s'est livré à la Danse comique; il y est admirable, parce que ce genre semble fait pour lui, ou plutôt parce qu'il est fait pour ce genre: il seroit déplacé, & n'auroit pas été supérieur, s'il eût adopté celui du célebre *Dupré*.

M. *Grandval* n'a choisi ni les Crispins ni les Financiers. La noblesse de sa taille, le caractere aimable de sa figure, la tendresse de son expression, ne l'auroient pas servi dans des rôles où il n'est pas nécessaire de ressembler à un homme de condition. M. *Dumoulin* pareillement s'étoit éloigné du bas comique, il avoit embrassé comme le genre qui lui étoit propre celui des *pas de deux*, & de la Danse tendre & expressive.

M. *Sarrazin* enfin n'auroit pas trouvé en lui ce qu'il faut pour jouer les niais & tous les rôles de *Charges* attachés à cet emploi. L'élévation de son ame, le caractere respectable de sa physionomie, ses organes disposés à rendre le pathétique & à faire verser des larmes n'auroient pu convenir à des caracteres bas, qui exigent aussi peu de talent que de perfection. Il a donc pris l'emploi des Rois & des Peres nobles, rôles dans lesquels il excelle. M. *Vestris* à son exemple a laissé le burlesque pour se livrer à la Danse noble & au grand Sérieux, genre dont il est aujourd'hui le modele le plus parfait.

Pour élever la Danse au degré de sublimité qui lui manque & qu'elle peut atteindre aisément, il seroit à propos que les Maîtres de Danse suivissent dans leurs leçons la même conduite que les Peintres observent dans celles qu'ils donnent à leurs éleves. Ils commencent par leur faire dessiner l'*Ovale*, ils passent ensuite aux parties de la physionomie, & les réunissent enfin pour former une tête, ainsi des autres parties du corps. Lorsque l'éleve est parvenu à mettre une figure *ensemble*, le Maître lui enseigne la façon de l'animer, en y répandant de la force & du caractere; il lui apprend à connoître les mouvements de la nature;

il lui indique la maniere de diftribuer avec Art ces coups de crayon qui donnent la vie, & qui impriment fur la phyfionomie les paffions & les affections dont l'ame eft imbue.

Le Maître de Danfe ainfi que le Peintre, après avoir enfeigné à fon éleve les pas, la maniere de les enchaîner les uns avec les autres, les oppofitions des bras, les effacements du corps & les pofitions de la tête, devroit encore lui montrer à leur donner de la valeur & de l'expreffion par le fecours de la phyfionomie. Il ne faudroit pour y réuffir que lui régler des *Entrées* dans lefquelles il y auroit plufieurs paffions à rendre. Il ne feroit pas fuffifant de lui faire peindre ces mêmes paffions dans toutes leurs forces, il faudroit encore qu'il lui enfeignât la fucceffion de leurs mouvements, leurs gradations, leurs dégradations & les différents effets qu'elles produisent sur les traits. De telles leçons feroient parler la Danse & raisonner le Danseur; il apprendroit à peindre en apprenant à danser, & ajouteroit à notre Art un mérite qui le rendroit beaucoup plus estimable.

Mais dans la situation où sont les choses, une bonne peinture m'affecte plus qu'un Ballet. Ici je vois de la conduite & du raisonnement, de la précision dans l'*Ensemble*, de la vérité dans le *Costume*, de la fidélité dans le trait historique, de la vie dans les figures, des caracteres frappants & variés dans les têtes, & de l'expression par-tout; c'est la nature qui m'est offerte par les mains habiles de l'Art: mais là je ne vois que des Tableaux

aussi

aussi mal composés que désagréablement dessinés. Voilà mon sentiment, & si l'on suivoit exactement la route que je viens de tracer, on briseroit les masques, on fouleroit aux pieds l'idole pour se vouer à la nature, & la Danse produiroit des effets si frappants, que l'on seroit forcé de la placer au niveau de la Peinture & de la Poésie.

Si nos Maîtres de Ballets étoient des Auteurs ingénieux, si nos Danseurs étoient excellents Comédiens, où seroit la difficuté de diviser la Danse par emploi, & de suivre l'usage que la Comédie s'est imposé ? Les Ballets étant des Poëmes, ils exigeroient, ainsi que les Ouvrages dramatiques un certain nombre de Personnages pour les représenter ; dès-lors l'on ne diroit plus, tel Danseur excelle dans la *Chaconne*, tel autre brille dans la *Loure* ; telle Danſeuſe eſt admirable dans les *Tambourins* ; celle-ci eſt unique pour les *Paſſepieds*, & celle-là eſt ſupérieure dans les *Muſettes* ; mais on pourroit dire alors, (& cet éloge ſeroit plus flatteur,) tel Danſeur eſt inimitable dans les rôles tendres & voluptueux ; tel autre eſt excellent dans les rôles de Tyran, & dans tous ceux qui exigent une action forte ; telle Danſeuſe ſéduit dans les rôles d'amoureuſe ; telle autre eſt incomparable dans les rôles de fureur ; celle-ci enfin rend les Scènes de dépit avec une vérité ſingulière.

Je conçois qu'un tel arrangement ne peut avoir lieu, ſi les Compoſiteurs ne renoncent à la *Payſannade* pour prendre un genre plus élevé, & ſi les Danſeurs ne quittent cette fureur de remuer les jambes & les bras machinalement.

Tel est le caractere de la belle Danse, qu'il faut y substituer le raisonnement à l'imbécillité ; l'esprit aux tours de force ; l'expression aux difficultés ; les Tableaux aux cabrioles; les graces aux minauderies ; le sentiment à la routine des pieds, & les caracteres variés de la physionomie à ces masques tiedes qui n'en portent aucun.

On pourroit m'alléguer encore que le masque sérieux porte un caractere de noblesse ; qu'il ne dérobe point les yeux du Danseur, & qu'on peut lire dans leurs regards les mouvements qui les affectent : je répondrai premiérement qu'une physionomie qui n'a qu'un caractere, n'est pas une physionomie théatrale. Secondement, que le masque ayant une épaisseur, & résultant d'un moule dont la forme differe de celle des physionomies qui s'en servent, il est impossible qu'il emboîte exactement les traits ; non seulement il grossit la tête & lui fait perdre ses justes proportions, mais il enterre, il étouffe encore les regards. En supposant même qu'il ne prive point les yeux de l'expression qu'ils doivent avoir, ne s'oppose-t-il pas à l'altération que les passions produisent sur les traits & sur la couleur du visage ? Le Public peut-il les voir naître, s'appercevoir de leurs progrès & suivre le Danseur dans tous ses mouvements ?

L'imagination, diront les défenseurs du masque, supplée à ce qui nous est caché, & lorsque nous voyons les yeux étincelants de jalousie, nous croyons voir le reste de la physionomie allumé du feu de cette passion. Non, Monsieur, l'imagination quelque vive qu'elle soit ne se prête point à des contre-sens de cette espece ; des yeux exprimant la tendresse, tandis que les traits peindront la haine, des regards pleins de fureur lorsque la physionomie sera gaie & enjouée, sont des contrastes qui ne se rencontrent point dans la nature, & qui sont trop révoltants, pour que l'imagination, quelque complaisante qu'elle soit puisse les concilier. Voilà pourtant l'effet que produit le masque sérieux ; il est toujours gracieux & ne peut changer de caractere, lorsque les yeux en prennent à chaque instant de nouveaux.

Il y a plus de deux mille ans, diront les Apologistes du masque, que les visages postiches sont en usage; mais il y a deux mille ans qu'on est dans l'erreur à cet égard ; cette erreur étoit cependant pardonnable aux anciens, & ne peut l'être chez les modernes.

Les Spectacles autrefois étoient autant pour le peuple que pour les gens d'un certain ordre. Pauvres, riches, tout le monde y étoit admis ; il falloit donc de vastes enceintes pour contenir un nombre infini de Spectateurs, qui n'auroient point trouvé le plaisir qu'ils venoient chercher, si l'on n'eût eu recours à des masques énormes, à un ventre, à des mollets postiches & à des cothurnes fort exhaussés.

Mais aujourd'hui que nos Salles sont resserrées ; qu'elles ont peu d'étendue ; que la porte est fermée à quiconque ne paie pas ; on n'a pas besoin de suppléer aux gradations du lointain ; l'Acteur ainsi que le Danseur doivent paroître sur la Scene dans leurs proportions naturelles; le masque leur devient étranger ; il ne fait que cacher les mouvements de leur ame; il est un obstacle aux progrès & à la perfection de l'Art.

Cependant, dira-t-on encore, les masques ont été imaginés pour la Danse. Il n'y a rien de certain là-dessus, Monsieur, & il y a même plus d'apparence qu'ils l'ont été pour la Tragédie & la Comédie. Pour en être plus surs & pour nous en convaincre remontons, s'il est possible, à leur origine.

Orphée & *Linus*, suivant *Quintilien*, en parloient dans leurs Poésies : mais à quoi servoient-ils dans ce temps-là au

Théatre ? On ne les connoissoit pas encore.

Thespis qui vint après eux,

...... Fut le premier qui barbouillé de lie,
Promena par les Bourgs cette heureuse folie,
Et d'Acteurs mal ornés, chargeant un tombereau
Amusa les Passants d'un Spectacle nouveau.

Eschyle lui succéda, & . . . . .

..... Dans les Chœurs jetta les Personnages,
D'un masque plus honnête habilla les visages,
Sur les ais d'un Théatre en public exhaussé,
Fit paroître l'Acteur d'un Brodequin chaussé.

Voilà donc des masques : mais étoient-ils faits pour les Danseurs ? les Auteurs ne s'expliquent point, & ne parlent que des Acteurs.

Sophocle & *Euripide* après eux n'introduisirent rien de nouveau ; ils perfectionnerent seulement la Tragédie, & ne changerent aux masques d'*Eschyle* que la forme dont ils avoient besoin pour les différents caracteres de leurs pieces.

A peu près dans le même temps parut *Cratès*, à l'exemple d'*Epicharmus* & de *Phormis*, Poëtes Siciliens; il donna à la Comédie un Théatre plus décent, & dans un ordre plus régulier. L'Histoire ne dit rien de ce qu'ils firent pour les masques: peut-être différencieront-ils les masques comiques des tragiques.

Je consulte encore *Aristophane* & *Ménandre*, mais ils ne m'instruisent de rien; je vois que ce premier donne *Socrate* en Spectacle dans sa Piece des *Nuées*, & qu'il fait sculpter un masque qui en excitant la risée de la Populace, n'offroit sans doute que la *Charge* des traits de ce grand Philosophe.

Je passe chez les Romains; *Plaute*

& *Térence* ne me parlent point des masques destinés aux *Pantomimes*. Je vois dans les anciens Manuscrits, sur les Pierres gravées, sur les Médailles & à la tête des Comédies de *Térence* des masques tout aussi hideux que ceux dont on se servoit à Athenes.

Roscius & *Æsopus* m'éblouissent, mais ce sont des Acteurs & non des Danseurs. Je tâche en vain de découvrir le temps de l'origine des masques à Rome, recherche inutile. *Dioméde* dit bien que ce fut un *Roscius Gallus*, qui le premier s'en servit pour cacher un défaut qu'il avoit dans les yeux, mais il ne me dit pas dans quel temps ce *Roscius* vivoit ; ce qui n'avoit été employé d'abord que pour dérober une difformité, devint par la suite absolument nécessaire, vu l'immensité des

Théatres, & on fit, ainsi qu'à Athenes, des masques énormes. Grands yeux de travers, bouche large & béante, levres pendantes, pustules au front, joues bouffies, tels étoient les masques des anciens.

On ajoutoit encore à ces masques une espece de cornet ou de porte-voix, qui portoit les sons avec fracas aux Spectateurs les plus éloignés; ils furent incrustés d'airain : on employa ensuite une espece de marbre que *Pline* nommoit *Calcophonos* ou *son d'Airain*, parce qu'il rendoit un son semblable à celui de ce métal.

Les anciens avoient encore des masques à deux visages ; le profil du côté droit étoit gai, celui du côté gauche étoit triste & de mauvaise humeur ; l'Acteur avoit soin selon l'exigence des cas & la situation où il se trouvoit, de présenter le côté de la physionomie dont le caractere étoit analogue à l'action qu'il avoit à rendre.

On faisoit enfin des masques critiques; on se donnoit la liberté de jouer les Citoyens, & les Sculpteurs chargés de l'exécution des masques imitoient la ressemblance de ceux que l'on donnoit en Spectacle.

Ces masques énormes étoient sculptés en bois, & d'une pesanteur considérable; ils enveloppoient toute la tête, & ils avoient pour base les épaules. Je vous laisse à penser, Monsieur, s'il est possible d'imaginer que de pareils fardeaux aient été créés pour la Danse; ajoutez encore l'attirail, le ventre, les mollets, les cuisses postiches & les échasses, & vous verrez qu'il n'est pas probable que cet accoûtrement ait été imaginé par un Art enfant de la liberté, qui craint les entraves d'une mode embarrassante, & qui cesse de se montrer dès qu'il cesse d'être libre.

Ce *Costume* étoit si gênant & si incommode, que l'Acteur récitant ne faisoit aucun mouvement. La déclamation étoit souvent partagée entre deux personnes, l'un faisoit les gestes, tandis que l'autre déclamoit.

On seroit presque tenté de croire que les anciens n'avoient aucune idée de Danse analogue à celle de nos jours ; car comment concilier notre exécution vive & brillante avec l'attirail lourd & incommode des Grecs & des Romains

Il est vrai, dit *Lucien*, que les masques des *Pantomimes* étoient moins difformes que ceux des Acteurs; que leur équipage étoit propre & convenable; mais les masques étoient-ils moins grands ? Les Danseurs avoient-ils moins besoin de s'enfler & de se grossir ? devoient-ils moins ménager le lointain que les Acteurs ? Il y auroit de l'absurdité à le penser ; ceux-ci auroient donc été des colosses & les autres des pygmées.

Voilà, Monsieur, le seul passage qui puisse assurer que les *Pantomimes* se servoient du masque, mais il n'en est aucun dans les Auteurs anciens ni dans les Auteurs modernes qui ont traité de cette matiere, qui me convainque que ces figures colossalles aient été enfantées pour la Danse.

Enfin, Monsieur, la Comédie Françoise a secoué cet usage, non par frivolité, mais par raison. On a senti que ces ombres inanimées & imparfaites de la belle nature, s'opposoient à la vérité & à la perfection du Comédien.

L'Opéra qui de tous les Spectacles est celui qui se rapproche le plus de celui des Grecs, n'a adopté les masques que pour la Danse seulement, preuve convaincante que l'on n'a jamais soupçonné cet Art de pouvoir parler. Si l'on s'étoit imaginé qu'il pût imiter, on se seroit bien gardé de lui mettre un masque, & de le priver des secours les plus utiles au langage sans parole, & à l'expression vive & animée des mouvements de l'ame désignés par les signes extérieurs.

Que l'on continue à danser comme on danse; que les Ballets ne soient en usage à l'Opéra que pour donner le temps aux Acteurs essouflés de reprendre leur respiration ; qu'ils n'intéressent pas davantage que les entractes monotones de la Comédie, & l'on pourra sans danger conserver l'usage de ces visages mornes auxquels on ne peut préférer une physionomie morte & inanimée. Mais si l'Art se perfectionne, si les Danseurs s'attachent à peindre & à imiter, il faut alors quitter la gêne, abandonner les masques, & en briser les moules. La nature ne peut s'associer à l'art grossier ; ce qui l'éclipse & ce qui la dégrade doit être proscrit par l'Artiste éclairé.

Il est aussi difficile, Monsieur, de démêler l'origine des masques, que de se former une idée juste des Spectacles & de la Danse des anciens. Cet Art, ainsi que quantité de choses précieuses, ont été, pour ainsi dire, enterrées dans
les

les ruines de l'antiquité. Il ne nous reste de tant de beautés que de foibles esquisses auxquelles chaque Auteur prête des traits & des couleurs différentes; chacun d'eux leur donne le caractere qui flatte son goût & son génie. Les contradictions continuelles qui régnent dans ces ouvrages, loin de nous éclairer, nous replongent dans notre premiere obscurité. L'antiquité à certains égards est un cahos qu'il nous est impossible de débrouiller; c'est un monde dont l'immensité nous est inconnue; chacun prétend y voyager sans s'égarer & sans se perdre. Cette multitude de choses qui se présentent à nous dans l'éloignement le plus considérable, est l'image d'une perspective trop étendue; l'œil s'y perd & ne distingue qu'imparfaitement; mais l'imagination vient au

R

secours, elle supplée à la distance & à la foiblesse des regards; l'enthousiasme rapproche les objets; il en crée de nouveaux; il s'en fait des monstres; tout lui paroît grand, tout enfin lui semble gigantesque. L'on pourroit appliquer ici ces Vers de *Moliére* dans les *Femmes savantes* . . . .

. . . . J'ai vu clairement des hommes dans la Lune.
. . . .
Je n'ai point encor vu d'hommes, comme je crois;
Mais j'ai vu des clochers tout comme je vous vois.

Telle est la vicissitude des choses & leur instabilité. Les Arts ainsi que les Empires sont sujets à révolution ; ce qui brille aujourd'hui avec le plus d'éclat, dégénére ensuite & tombe au bout de quelque temps dans une langueur & une obscurité profonde. Quoi qu'il en soit, (& les sentiments à cet égard sont uniformes) les anciens parloient avec les mains ; leurs doigts étoient, pour ainsi dire, autant de langues qui s'exprimoient avec facilité, avec force & avec énergie ; le climat, le tempérament & l'application que l'on apportoit à perfectionner l'Art du geste, l'avoient porté à un degré de sublimité que nous n'atteindrons jamais si nous ne nous donnons les mêmes soins qu'eux pour nous distinguer dans cette partie. La dispute de *Ciceron* & de *Roscius*, à qui rendroit mieux la pensée, *Ciceron* par le tour & l'arrangement des mots, & *Roscius* par le mouvement des bras & l'expression de la physionomie, prouve très-clairement que nous ne sommes encore que des enfants ; que nous n'avons que des mouvements machinaux & indéterminés, sans signification, sans caractere & sans vie.

Les anciens avoient des bras, & nous avons des jambes : réunissons, Monsieur, à la beauté de notre exécution, l'expression vive & animée des *Pantomimes*; détruisons les masques, ayons une ame, & nous serons les premiers Danseurs de l'Univers.

Je suis, &c.

LETTRE X.

J'Ai dit, Monsieur, que la Danse étoit trop composée & le mouvement symmétrique des bras trop uniforme, pour que les Tableaux pussent avoir de la variété, de l'expression & du naturel ; il faudroit donc si nous voulons rapprocher notre Art de la vérité, donner moins d'attention aux jambes, & plus de soin aux bras ; abandonner les cabrioles pour l'intérêt des gestes ; faire moins de pas difficiles, & jouer davantage de la physionomie ; ne pas mettre tant de force dans l'exécution, mais y mêler plus d'esprit ; s'écarter avec grace des regles étroites de l'Ecole, pour suivre les impressions de la nature

& donner à la Danse l'ame & l'action qu'elle doit avoir pour intéresser. Je n'entends point au reste par le mot d'*action* celle qui ne consiste qu'à se remuer, à se donner de la peine, à faire des efforts & à se tourmenter comme un forcené pour sauter, ou pour montrer une ame que l'on n'a pas.

L'*action* en matiere de Danse est l'Art de faire passer par l'expression vraie de nos mouvements, de nos gestes & de la physionomie, nos sentiments & nos passions dans l'ame des Spectateurs. L'*action* n'est donc autre chose que la *Pantomime*. Tout doit peindre, tout doit parler chez le Danseur; chaque geste, chaque attitude, chaque port de bras doit avoir une expression différente ; la vraie *Panto-*

mime en tout genre, fuit la nature dans toutes fes nuances. S'en écarte-t-elle un inftant? elle fatigue, elle révolte. Que les Danfeurs qui commencent ne confondent pas cette *Pantomime* noble, dont je parle, avec cette expreffion baffe & triviale que les Bouffons d'Italie ont apporté en France & que le mauvais goût femble avoir adopté.

Je crois, Monfieur, que l'Art du gefte eft refferré dans des bornes trop étroites pour produire de grands effets. La feule action du bras droit que l'on porte en avant pour décrire un quart de cercle, pendant que le bras gauche qui étoit dans cette pofition, rétrograde par la même route pour s'étendre de nouveau & former l'oppofition avec la jambe, n'eft pas fuffifante pour exprimer les paſſions : tant qu'on ne variera pas davantage les mouvements des bras, ils n'auront jamais la force d'émouvoir & d'affecter. Les anciens étoient nos Maîtres à cet égard, ils connoiſſoient mieux que nous l'Art du geſte, & c'eſt dans cette partie ſeule de la Danſe qu'ils l'emportoient ſur les modernes. Je leur accorde avec plaiſir ce qui nous manque, & ce que nous poſſéderons lorſqu'il plaira aux Danſeurs de ſecouer des regles qui s'oppoſent à la beauté & à l'eſprit de leur Art.

Le port des bras devant être auſſi varié que les différentes paſſions que la Danſe peut exprimer, les regles reçues deviennent preſque inutiles ; il faudroit les enfreindre & s'en écarter à chaque inſtant, ou s'oppoſer en les suivant exactement aux mouvements de l'ame, qui ne peuvent se limiter par un nombre déterminé de gestes.

Les passions varient & se divisent à l'infini ; il faudroit donc autant de préceptes qu'il y a chez elles de variation. Où est le Maître qui voulût entreprendre un tel ouvrage ?

Le geste puise son principe dans la passion qu'il doit rendre ; c'est un trait qui part de l'ame, il doit faire un prompt effet, & toucher au but, lorsqu'il est lancé par le sentiment.

Instruit des principes fondamentaux de notre Art, suivons les mouvements de notre ame, elle ne peut nous trahir lorsqu'elle sent vivement; & si dans ces instants elle entraîne le bras à tel ou tel geste, il est toujours aussi juste que correctement dessiné, & son effet est sûr. Les passions sont les ressorts qui font jouer la machine : quels que soient les mouvements qui en résultent, ils ne peuvent manquer d'être vrais. Il faut conclure d'après cela que les préceptes stériles de l'Ecole doivent disparoître dans la Danse en action pour faire place à la nature.

Rien n'est si difficile à ménager que ce que l'on appelle bonne grace ; c'est au goût à l'employer & c'est un défaut que de courir après elle, & d'en répandre également par-tout. Peu de prétention à en montrer, une négligence bien entendue à la dérober quelquefois ne la rend que plus piquante, & lui prête un nouvel attrait. Le goût en est le distributeur, c'est lui qui donne aux graces de la valeur & qui les rend aimables : marchent-elles sans lui, elles perdent leur nom, leurs charmes & leur effet ? ce n'est plus que de la minauderie dont la fadeur devient insoutenable.

Il n'appartient pas à tout le monde d'avoir du goût ; la nature seule le donne, l'éducation le rafine & le perfectionne ; toutes les regles que l'on établiroit pour en donner, seroient inutiles. Il est né avec nous, ou il ne l'est pas : s'il l'est, il se manifestera de lui-même ; s'il ne l'est pas, le Danseur sera toujours médiocre.

Il en est de même des mouvements des bras ; la bonne grace est à ces derniers, ce que le goût est à la bonne grace : on ne peut réussir dans l'*action Pantomime*, sans être également servi par la nature ; lorsqu'elle nous donne les premieres leçons, les progrès ne peuvent manquer d'être rapides.

Concluons que l'action de la Danse est trop restreinte ; que l'agrément & l'esprit ne peuvent se communiquer également à tous les êtres ; que le goût & les graces ne se donnent point. En vain cherche-t-on à en prêter à ceux qui ne sont point faits pour en avoir, c'est semer son grain sur un terrein pierreux ; quantité de charlatans en vendent, une plus grande quantité de dupes s'imaginent en acquérir en payant, mais ils n'ont qu'un faux vernis qui se ternit & disparoît bientôt ; le profit est au vendeur, & la sottise à l'acheteur ; c'est *Ixion* qui embrasse la nue.

Les Romains avoient cependant des écoles où l'on enseignoit l'Art de la *Saltation*, ou si vous voulez celui du geste & de la bonne grace, mais les

Maîtres étoient-ils contents de leurs écoliers ? *Roscius* ne le fut que d'un seul que la nature sans doute avoit servi, encore y trouvoit-il toujours quelque chose à reprendre.

Que mes confreres se persuadent que j'entends par gestes les mouvements expressifs des bras soutenus par les caracteres frappants & variés de la physionomie. Les mains d'un Danseur habile doivent, pour ainsi dire, parler; si son visage ne joue point; si l'altération que les passions impriment sur les traits n'est pas sensible; si ses yeux ne déclament point & ne décélent pas la situation de son cœur, son expression dès-lors est fausse, son jeu est machinal, & l'effet qui en résulte péche par le désagrément & par le défaut de vérité & de vraisemblance.

On ne peut se distinguer au Théatre que lorsqu'on est aidé par la nature, c'étoit le sentiment de *Roscius*. Selon lui, dit *Quintilien*, l'Art du *Pantomime* consiste dans la bonne grace & dans l'expression naïve des affections de l'ame; elle est au-dessus des regles & ne se peut enseigner ; la nature seule la donne.

Pour hâter les progrès de notre Art & le rapprocher de la vérité, il faut faire un sacrifice de tous les pas trop compliqués; ce que l'on perdra du côté des jambes se retrouvera du côté des bras ; plus les pas seront simples & plus il sera facile de leur associer de l'expression & des graces : le goût fuit toujours les difficultés , il ne se trouve jamais avec elles; que les Artistes les réservent pour l'étude, mais qu'ils apprennent à les bannir de l'exécution ;

elles ne plaisent point au Public; elles ne font même qu'un plaisir médiocre à ceux qui en sentent le prix. Je regarde les difficultés multipliées de la Musique & de la Danse comme un jargon qui leur est absolument étranger ; leurs voix doivent être touchantes, c'est toujours au cœur qu'elles doivent parler; le langage qui leur est propre est celui du sentiment ; il séduit généralement, parce qu'il est entendu généralement de toutes les Nations.

Tel *Violon* est admirable, me dira-t-on; cela se peut, mais il ne me fait aucun plaisir, il ne me flatte point, & il ne me cause aucune sensation ; c'est qu'il a un langage, me répondra l'Amateur, que vous n'entendez point. Cette conversation n'est pas à la portée de tout le monde, continuera-t-il, mais elle est sublime pour quiconque peut la comprendre & la sentir, & ses sons sont autant de sentiments qui séduisent & qui affectent lorsque l'on conçoit son langage.

Tant pis pour ce grand *Violon*, lui dirai-je, si son mérite ne se borne uniquement qu'à plaire au petit nombre. Les Arts sont de tous les pays ; qu'ils empruntent la voix qui leur est propre, ils n'auront pas besoin d'interprete, & ils affecteront également & le connoisseur & l'ignorant; leur effet ne se borne-t-il au-contraire qu'à frapper les yeux sans toucher le cœur, sans remuer les passions, sans ébranler l'ame? ils cessent dès-lors d'être aimables & de plaire; la voix de la nature & l'expression fidelle du sentiment jetteront toujours l'émotion dans les ames les moins sensibles;

sensibles, le plaisir est un tribut que le cœur ne peut refuser aux choses qui le flattent & qui l'intéressent.

Un grand *Violon* d'Italie arrive-t-il à Paris, tout le monde le court & personne ne l'entend ; cependant on crie au miracle. Les oreilles n'ont point été flattées de son jeu, ses sons n'ont point touché, mais les yeux se sont amusés ; il a *démanché* avec adresse, ses doigts ont parcouru le manche avec légéreté ; que dis-je ? il a été jusqu'au chevalet ; il a accompagné ces difficultés de plusieurs contorsions qui étoient autant d'invitations, & qui vouloient dire, *Messieurs, regardez-moi, mais ne m'écoutez-pas: ce passage est diabolique ; il ne flattera pas votre oreille, quoiqu'il fasse grand bruit, mais il y a vingt ans que je l'étudie.* L'applaudissement part; les bras & les doigts méritent des éloges, & on accorde à l'homme machine & fans tête, ce que l'on refufera conftamment de donner à un *Violon* François qui réunira au brillant de la main, l'expreffion, l'efprit, le génie & les graces de fon Art.

Les Danfeurs Italiens ont pris depuis quelque temps le contre-pied des Muficiens. Ne pouvant occuper agréablement la vue, & n'ayant pu hériter de la gentilleffe de *Foffan*, ils font beaucoup de bruit avec les pieds en marquant toutes les notes; de forte qu'on voit jouer avec admiration les *Violons* de cette Nation, & qu'on écoute danfer avec plaifir leurs *Pantomimes*. Ce n'eft point là le but que les beaux Arts fe propofent; ils doivent peindre, ils doivent imiter; une élégante fimplicité convient à leurs charmes. La beauté se perd toujours sous les colifichets de la mode; le *simple* est son fard; la nature compose ses agréments; les graces ajoutent à ses traits; l'esprit les anime & leur prête encore un nouvel éclat. Tant que l'on sacrifiera le goût aux difficultés, que l'on ne raisonnera pas, que l'on dansera en mercenaire, & que l'on fera un métier vil d'un Art agréable; la Danse loin de faire des progrès, dégénérera, & rentrera dans l'obscurité où elle étoit il n'y a pas plus d'un siecle.

Ce ne seroit pas m'entendre que de penser que je cherche à abolir les mouvements ordinaires des bras, tous les pas difficiles & brillants, & toutes les positions élégantes de la Danse; je demande plus de varieté & d'expression dans les bras; je voudrois les voir parler avec plus d'énergie ; ils peignent le sentiment & la volupté, mais ce n'est pas assez, il faut encore qu'ils peignent la fureur, la jalousie, le dépit, l'inconstance, la douleur, la vengeance, l'ironie, toutes les passions innées enfin dans l'homme, & que d'accord avec les yeux, la physionomie & les pas, ils me fassent entendre le cri de la nature. Je veux encore que les pas soient placés avec autant d'esprit que d'Art, & qu'ils répondent à l'action & aux mouvements de l'ame du Danseur ; j'exige que dans une expression vive on ne forme point de pas lents; que dans une Scene grave on n'en fasse point de légers; que dans des mouvements de dépit on sache éviter tous ceux qui ayant de la légéreté, trouveroient place dans un moment d'inconstance ; je voudrois enfin que l'on cessât d'en faire dans les instants de désespoir & d'accablement : c'est au visage seul à peindre ; c'est aux yeux à parler ; les bras même doivent être immobiles, & le Danseur dans ces sortes de Scenes ne sera jamais si excellent que lorsqu'il ne dansera pas ; toutes mes vues, toutes mes idées ne tendent uniquement qu'au bien & à l'avancement des jeunes Danseurs & des nouveaux Maîtres de Ballets ; qu'ils pesent mes idées, qu'ils se fassent un genre neuf, ils verront alors que tout ce que j'avance peut se mettre en pratique & réunir tous les suffrages.

Quant aux positions, tout le monde sait qu'il y en a cinq ; on prétend même qu'il y en a dix divisées assez singuliérement en bonnes ou en mauvaises, en fausses ou en vraies : le compte n'y fait rien, & je ne le contesterai point ; je dirai simplement que ces positions sont bonnes à savoir & meilleures encore à oublier, & qu'il est de l'Art du grand Danseur de s'en écarter agréablement. Au reste, toutes celles où le corps est ferme & bien dessiné sont excellentes ; je n'en connois de mauvaises que lorsque le corps est mal *grouppé*, qu'il chancelle & que les jambes ne peuvent le soutenir. Ceux qui sont attachés à l'alphabet de leur profession, me traiteront d'innovateur & de fanatique, mais je les renverrai à l'Ecole de la Peinture & de la Sculpture, & je leur demanderai ensuite s'ils approuvent ou s'ils condamnent la position du beau Gladiateur & celle de l'Hercule ? Les désaprouvent-ils ? j'ai gain de cause, ce sont des aveugles : les approuvent-ils? ils ont perdu, puisque je leur prouverai que les positions de ces deux statues, chef-d'œuvres de l'antiquité, ne sont pas des positions adoptées dans les principes de la Danse.

La plus grande partie de ceux qui se livrent au Théatre, croient qu'il ne faut avoir que des jambes pour être Danseur; de la mémoire pour être Comédien; & de la voix pour être Chanteur. En partant d'un principe aussi faux, les uns ne s'appliquent qu'à remuer les jambes, les autres qu'à faire des efforts de mémoire, & les derniers qu'à pousser des cris ou des sons; ils sont étonnés, après plusieurs années d'un travail pénible, d'être détestables; mais il n'est pas possible de réussir dans un Art sans en étudier les principes, sans en connoître l'esprit, & sans en sentir les effets. Un bon Ingénieur ne s'emparera pas des ouvrages les plus foibles d'une Place, s'ils font commandés par des hauteurs capables de les défendre & de l'en déloger ; l'unique moyen d'assurer sa conquête, est de se rendre Maître des principaux ouvrages & de les emporter ; parce que ceux qui leur sont inférieurs ne feront plus alors qu'une foible résistance, ou se rendront d'eux-mêmes. Il en est des Arts comme des Places, & des Artistes comme des Ingénieurs ; il ne s'agit pas d'effleurer, il faut approfondir ; ce n'est pas assez que de connoître les difficultés, il faut les combattre & les vaincre. Ne s'attache-t-on qu'aux petites parties, ne saisit-on que la superficie des choses? on languit dans la médiocrité & dans l'obscurité la plus honteuse.

Je ferai d'un homme ordinaire un Danſeur comme il y en a mille, pourvu qu'il ſoit paſſablement bien fait; je lui enſeignerai à remuer les bras & les jambes & à tourner la tête; je lui donnerai de la fermeté, du brillant & de la vîteſſe, mais je ne pourrai le douer de ce feu, de ce génie, de cet eſprit, de ces graces & de cette expreſſion de ſentiment qui eſt l'ame de la vraie *Pantomime :* la nature fut toujours au-deſſus de l'Art, il n'appartient qu'à elle de faire des miracles.

Le défaut de lumieres & la ſtupidité qui regne parmi la plupart des Danſeurs, prend ſa ſource de la mauvaiſe éducation qu'ils reçoivent ordinairement. Ils ſe livrent au Théatre, moins pour s'y diſtinguer que pour ſecouer le joug de la dépendance; moins pour se dérober à une profession plus tranquille, que pour jouir des plaisirs qu'ils croient y rencontrer à chaque instant ; ils ne voient dans ce premier moment d'enthousiasme que les roses du talent qu'ils veulent embrasser ; ils apprennent la danse avec fureur ; leur goût se ralentit à mesure que les difficultés se font sentir & qu'elles se multiplient ; ils ne saisissent que la partie grossiere de l'Art ; ils sautent plus ou moins haut ; ils s'attachent à former machinalement une multitude de pas, & semblables à ces enfants qui disent beaucoup de mots sans esprit & sans suite, ils font beaucoup de pas sans génie, sans goût & sans graces.

Ce mélange innombrable de pas enchaînés plus ou moins mal, cette exécution difficile, ces mouvements compliqués, ôtent, pour ainsi dire, la parole à la Danse. Plus de simplicité, plus de douceur & de moëlleux dans les mouvements procureroit au Danseur la facilité de peindre & d'exprimer. Il pourroit se partager entre le méchanisme des pas & les mouvements qui sont propres à rendre les passions ; la Danse alors délivrée des petites choses, pourroit se livrer aux plus grandes. Il est constant que l'essouflement qui résulte d'un travail si pénible étouffe le langage du sentiment ; que les entrechats & les cabrioles altérent le caractere de la belle Danse, & qu'il est moralement impossible de mettre de l'ame, de la vérité & de l'expression dans les mouvements, lorsque le corps est sans cesse ébranlé par des secousses violentes & réitérées, & que l'esprit n'est exactement occupé qu'à le préserver des accidents & des chûtes qui le menacent à chaque instant.

On ne doit pas s'étonner de trouver plus d'intelligence & de facilité à rendre le sentiment parmi les Comédiens que parmi les Danseurs. La plupart des premiers reçoivent communément plus d'éducation que les derniers. Leur état d'ailleurs les porte à un genre d'étude propre à leur donner avec l'usage du monde & le ton de la bonne compagnie, l'envie de s'instruire & d'étendre leurs connoissances au-delà des bornes du Théatre ; ils s'attachent à la Littérature ; ils connoissent les Poëtes, les Historiens & plusieurs d'entr'eux ont prouvé par leurs ouvrages qu'ils joignoient au talent de bien dire, celui de composer agréablement. Si toutes ces connoissances ne sont pas exactement analogues à leur profession, elles ne laissent pas de contribuer à la perfection à laquelle ils parviennent. De deux Acteurs également servis par la nature, celui qui sera le plus éclairé sera sans contredit celui qui mettra le plus d'esprit & de légéreté dans son jeu.

. Les Danseurs devroient s'attacher ainsi que les Comédiens à peindre & à sentir, puisqu'ils ont le même objet à remplir. S'ils ne sont vivement affectés de leurs rôles; s'ils n'en saisissent le caractere avec vérité, ils ne peuvent se flatter de réussir & de plaire; ils doivent également enchaîner le Public par la force de l'illusion, & lui faire éprouver tous les mouvements dont ils sont animés. Cette vérité, cet enthousiasme qui caractérisent le grand Acteur

& qui est l'ame des beaux Arts, est, si j'ose m'exprimer ainsi, l'image du coup électrique ; c'est un feu qui se communique avec rapidité, qui embrase dans un instant l'imagination des Spectateurs, qui ébranle leur ame, & qui force leur cœur à la sensibilité.

Le cri de la nature, ou les mouvements vrais de l'action *Pantomime* doivent également toucher ; le premier attaque le cœur par l'ouïe, les derniers par la vue : ils feront l'un & l'autre une impression aussi forte, si cependant les images de la *Pantomime* sont aussi vives, aussi frappantes & aussi animées que celles du discours.

Il n'est pas possible d'imprimer cet intérêt en récitant machinalement de beaux vers, & en faisant tout simplement de beaux pas ; il faut que l'ame, la physionomie, le geste & les attitudes parlent toutes à la fois, & qu'elles parlent avec autant d'énergie que de vérité. Le Spectateur se mettra-t-il à la place de l'Acteur, si celui-ci ne se met à celle du Héros qu'il représente ? Peut-il espérer d'attendrir & de faire verser des larmes, s'il n'en répand lui-même ? Sa situation touchera-t-elle, s'il ne la rend touchante, & s'il n'en paroît vivement affecté ?

Vous me direz peut-être que les Comédiens ont sur les Danseurs l'avantage de la parole, la force & l'énergie du discours. Mais ces derniers n'ont-ils pas les gestes, les attitudes, les pas & la musique que l'on doit regarder comme l'organe & l'interprete des mouvements successifs du Danseur ?

Pour que notre Art parvienne à ce degré de sublimité que je demande & que je lui souhaite, il est indispensablement nécessaire que les Danseurs partagent leur temps & leurs études entre l'esprit & le corps, & que tous les deux soient ensemble l'objet de leurs réflexions ; mais on donne malheureusement tout au dernier, & l'on refuse tout à l'autre. La tête conduit rarement les jambes, & comme l'esprit & le génie ne résident pas dans les pieds, on s'égare souvent, l'homme s'éclipse, il n'en reste qu'une machine mal combinée, livrée à la stérile admiration des sots & au juste mépris des connoisseurs.

Etudions donc, Monsieur ; cessons de ressembler à ces marionnettes, dont les mouvements dirigés par des fils grossiers n'amusent & ne font illusion
qu'au

Peuple. Si notre ame détermine le jeu & l'action de nos ressorts, dès-lors les pieds, les jambes, le corps, la physionomie & les yeux seront mus dans des sens justes, & les effets résultants de cette harmonie & de cette intelligence intéresseront également le cœur & l'esprit.

Je suis, &c.

LETTRE XI.

IL est rare, Monsieur, pour ne pas dire impossible de trouver des hommes exactement bien faits ; & par cette raison, il est très-commun de rencontrer une foule de Danseurs construits désagréablement, & dans lesquels on n'apperçoit que trop souvent des défauts de conformation que toutes les ressources de l'Art ont peine à réparer. Seroit-ce par une fatalité attachée à la nature humaine que nous nous éloignons toujours de ce qui nous convient, & que nous nous proposons si communément de courir une carriere dans laquelle nous ne pouvons ni marcher ni nous soutenir ? C'est cet aveuglement, c'est cette ignorance dans laquelle nous sommes de nous-mêmes, qui produisent la foule immense de mauvais Poëtes, de Peintres médiocres, de plats Comédiens, de Musiciens bruyants, de Danseurs ou de Baladins détestables; que sai-je, Monsieur, d'hommes insupportables dans tous les genres. Ces mêmes hommes placés où ils devoient être auroient été utiles à l'humanité, ils auroient bien mérité de leur Patrie ; mais hors du lieu & du rang qui leur étoient affignés, leur véritable talent eft enfoui, & celui d'être à l'envi plus ridicules les uns que les autres lui eft fubftitué.

La premiere confidération à faire lorfqu'on fe deftine à la Danfe, dans un âge du moins où l'on eft capable de réfléchir, eft celle de fa conftruction. Ou les vices naturels qu'on obferve en foi font tels que rien ne peut y remédier ; en ce cas, il faut perdre fur le champ & totalement de vue l'idée que l'on s'étoit formée de l'avantage de concourir aux plaifirs des autres ; ou ces vices peuvent être réformés par une application, par une étude conftante & par les confeils & les avis d'un

Maître savant & éclairé; & dès-lors il importe essentiellement de ne négliger aucun des efforts qui peuvent remédier à des imperfections dont on triomphera, si l'on prévient le temps où les parties ont acquis leur dernier degré de force & de consistance, où la nature a pris son pli, & où le défaut à vaincre s'est fortifié par une habitude trop longue & trop invétérée pour pouvoir être détruit.

Malheureusement il est peu de Danseurs capables de ce retour sur eux-mêmes. Les uns aveuglés par l'amour propre imaginent être sans défauts; les autres ferment, pour ainsi dire, les yeux sur ceux que l'examen le plus léger leur feroit découvrir; or dès qu'ils ignorent ce que tout homme qui a quelques lumieres est en droit de leur reprocher, leurs travaux ne font étayés fur aucuns principes raifonnés & fuivis ; ils danfent moins en hommes qu'en machines ; l'arrangement difproportionné des parties s'oppofe fans ceffe en eux au jeu des refforts & à l'harmonie qui devroit former un *Enfemble ;* plus de liaifon dans les pas ; plus de moëlleux dans les mouvements; plus d'élégance dans les attitudes & dans les oppofitions ; plus de proportions dans les *déployements ,* & par conféquent plus de fermeté ni d'*à-plomb*. Voilà, Monfieur, où fe réduit l'exécution des Danfeurs qui croient que la Danfe ne confifte que dans une action quelconque des bras & des jambes, & qui dédaignent de s'envifager eux-mêmes dans le moment de leur étude & de leurs exercices. Nous pouvons sans les offenser & en leur rendant la justice qui leur est due, les nommer les automates de la Danse.

Vraisemblablement si les bons Maîtres étoient plus communs, les bons éleves ne seroient pas si rares; mais les Maîtres qui sont en état d'enseigner ne donnent point de leçons, & ceux qui en devroient prendre ont toujours la fureur d'en donner aux autres. Que dirons-nous de leur négligence & de l'uniformité avec laquelle ils enseignent? la vérité, n'est qu'une, s'écriera-t-on; j'en conviens, mais n'est-il qu'une maniere de la démontrer & de la faire passer aux écoliers que l'on entreprend, & ne doit-on pas nécessairement les conduire au même but par des chemins différents? J'avoue que pour y parvenir il faut une sagacité réelle, car sans réflexion & fans étude, il n'eft pas poffible d'appliquer les principes felon les genres divers de conformation, & les degrés différents d'aptitude; on ne peut faifir d'un coup d'œil ce qui convient à l'un, ce qui ne fauroit convenir à l'autre, & l'on ne varie point enfin fes leçons à proportion des diverfités que la nature ou que l'habitude fouvent plus rebelle que la nature même, nous offre & nous préfente.

C'eft donc effentiellement au Maître que le foin de placer chaque éleve dans le genre qui lui eft propre eft réfervé. Il ne s'agit pas à cet effet de poffeder feulement les connoiffances les plus exactes de l'Art; il faut encore fe défendre foigneufement de ce vain orgueil, qui perfuade à chacun que fa maniere d'exécuter eft l'unique &

la seule qui puisse plaire ; car un Maître qui se propose toujours comme un modele de perfection, & qui ne s'attache à faire de ses Ecoliers qu'une copie dont il est le bon ou le mauvais original, ne réussira à en former de passables que lorsqu'il en rencontrera qui seront doués des mêmes dispositions que lui & qui auront la même taille, la même conformation & la même intelligence.

Parmi les défauts de construction, j'en remarque communément deux principaux ; l'un est d'être *jarreté*, & l'autre d'être *arqué*. Ces deux vices de conformation sont presque généraux, & ne différent que du plus au moins ; aussi voyons-nous très-peu de Danseurs qui en soient exempts.

Nous disons qu'un homme est *jarreté*,

lorfque fes hanches font étroites & en dedans, fes cuiffes rapprochées l'une de l'autre, fes genoux gros & fi ferrés qu'ils fe touchent & fe collent étroitement quand même fes pieds font diftants l'un de l'autre ; ce qui forme à peu près la figure d'un triangle depuis les genoux jufqu'aux pieds ; j'obferve encore un volume énorme dans la partie intérieure de fes chevilles, une forte élévation dans le coudepied, & le *tendon d'Achille* eft non feulement en lui grêle & mince, mais il eft fort éloigné de l'articulation.

Le Danfeur *arqué* eft celui en qui on remarque le défaut contraire. Ce défaut regne également depuis la hanche jufqu'aux pieds ; car ces parties décrivent une ligne qui donne en quelque forte la figure d'un arc ; en effet les hanches sont évasées, & les cuisses & les genoux sont ouverts, de maniere que le jour qui doit se rencontrer naturellement entre quelques-unes de ces portions des extrémités inférieures lorsqu'elles sont jointes, perce dans la totalité & paroît beaucoup plus considérable qu'il ne devroit l'être. Les personnes ainsi construites ont d'ailleurs le pied long & plat, la cheville extérieure saillante, & le *tendon d'achille* gros & rapproché de l'articulation. Ces deux défauts diamétralement opposés l'un à l'autre, prouvent avec plus de force que tous les discours, que les leçons qui conviennent au premier seroient nuisibles au second, & que l'étude de deux Danseurs aussi différents par la taille & par la forme ne peut être la même. Celui qui est *jarreté* doit s'appliquer continuellement à éloigner les parties trop resserrées ; le premier moyen pour y réussir est de tourner les cuisses en dehors & de les mouvoir dans ce sens, en profitant de la liberté du mouvement de rotation du *fémur* dans la *cavité cotiloïde* des os des hanches. Aidés par cet exercice, les genoux suivront la même direction & rentreront, pour ainsi dire, dans leur place. La *rotule* qui semble destinée à limiter le *rejet* du genou trop en arriere de l'articulation tombera perpendiculairement sur la pointe du pied, & la cuisse & la jambe ne sortant plus de la ligne, en décriront alors une droite qui assurera la fermeté & la stabilité du tronc.

Le second remede à employer, est de conserver une fléxion continuelle dans l'articulation des genoux, & de paroître extrêmement tendu sans l'être en effet ; c'est là, Monsieur, l'ouvrage du temps & de l'habitude ; lorsqu'elle est fortement contractée, il est comme impossible de reprendre sa position naturelle & vicieuse sans des efforts qui causent dans ces parties un engourdissement & une douleur insupportable. J'ai connu des Danseurs qui ont trouvé l'Art de dérober ce défaut à tel point qu'on ne s'en seroit jamais apperçu, si l'entrechat droit & les temps trop forts ne les avoient décelés. En voici la raison ; la contraction des muscles dans les efforts du saut roidit les articulations, & force chaque partie à rentrer dans sa place & à revenir à sa forme naturelle ; les genoux ainsi forcés se portent donc en dedans, ils reprennent leur volume ; ce volume met un obstacle aux battemens de l'entrechat ; plus ces parties se joignent, plus celles qui leur sont inférieures s'éloignent ; les jambes ne pouvant ni *battre* ni *croiser*, restent comme immobiles au moment de l'action des genoux qui roulent désagréablement l'un sur l'autre, & l'entrechat n'étant ni *coupé*, ni *battu*, ni *croisé* par le bas, ne sauroit avoir la vîtesse & le brillant qui en font le mérite. Rien n'est si difficile à mon sens que de masquer nos défauts, sur-tout dans les instants d'une exécution forte où toute la machine est ébranlée, où elle reçoit des secousses violentes & réitérées, & où elle se livre à des mouvements contraires & à des efforts continuels & multipliés. Si l'Art peut alors l'emporter sur la nature, de quels éloges le Danseur ne se rend-il pas digne?

Celui qui sera ainsi construit renoncera aux entrechats, aux cabrioles & à tous temps durs & compliqués, avec d'autant plus de raison qu'il sera infailliblement foible, car ses hanches étant étroites, ou pour parler le langage des anatomistes, les *os du Bassin* étant en lui moins évasés, ils fournissent moins de jeu aux muscles qui s'y attachent & dont dépendent en partie les mouvements du tronc, mouvements & inflexions beaucoup plus aisés, lorsque ces mêmes os ont beaucoup plus de largeur, parce qu'alors les muscles aboutissent ou partent d'un point plus éloigné du centre de gravité. Quoi qu'il en soit, la Danse noble & *terre-à-terre* est la seule qui convienne à de pareils

Danseurs. Au reste, Monsieur, ce que les Danseurs *jarretés* perdent du côté de la force, ils semblent le regagner du côté de l'adresse. J'ai remarqué qu'ils étoient moëlleux, brillants dans les choses les plus simples, aisés dans les difficultés qui ne demandent point d'efforts, propres dans leur exécution, élégants dans leurs tableaux, & que leur *percussion* est toujours opérée avec des graces infinies, parce qu'ils se servent & qu'ils profitent & des pointes & des ressorts qui font mouvoir le coudepied : voilà des qualités qui les dédommagent de la force qu'ils n'ont pas, & en matiere de Danse je préférerai toujours l'adresse à la force.

Ceux qui sont *arqués* ne doivent s'attacher qu'à rapprocher les parties trop distantes pour diminuer le vuide qui se rencontre principalement entre

les genoux; ils n'ont pas moins besoin que les autres de l'exercice qui meut les cuisses en dehors, & il leur est même moins facile de déguiser leurs défauts. Communément ils sont forts & vigoureux; ils ont par conséquent moins de souplesse dans les muscles & leurs articulations jouent avec moins d'aisance. On comprend au surplus que si ce vice de conformation provenoit de la difformité des os, tout travail seroit inutile & les efforts de l'Art impuissants. J'ai dit que les Danseurs *jarretés* doivent conserver une petite flexion dans l'exécution; ceux-ci par la raison contraire doivent être exactement tendus, & croiser leurs temps bien plus étroitement, afin que la réunion des parties puisse diminuer le jour ou l'intervalle qui les sépare naturellement. Ils sont
nerveux,

nerveux, vifs & brillants dans les choses qui tiennent plus de la force que de l'adresse ; nerveux & légers, attendu la direction de leurs *faisceaux musculeux*, & vu la consistance & la résistance de leurs *ligaments articulaires*; vifs, parce qu'ils *croisent* plus du bas que du haut, & qu'ayant par cette raison peu de chemin à faire pour *battre* les temps, ils les *passent* avec plus de vîtesse ; brillants, parce que le jour perce entre les parties qui se *croisent* & se *décroisent ;* ce jour est exactement, Monsieur, le *clair-obscur* de la Danse, car si les temps de l'entrechat ne sont ni *coupés* ni *battus*, & qu'ils soient au contraire *frottés* & *roulés* l'un sur l'autre, il n'y aura point de clair qui fasse valoir les ombres, & les jambes trop réunies n'offriront qu'une *masse* indistincte

V.

& sans effet ; ils ont peu d'adresse, parce qu'ils comptent trop sur leurs forces, & que cette même force s'oppose en eux à la souplesse & à l'aisance : leur vigueur les abandonne-t-elle un instant ? Ils sont gauches, ils ignorent l'Art de dérober leurs situations par des temps simples qui n'exigeant aucune force, donnent toujours le temps d'en reprendre de nouvelles ; ils ont de plus très-peu d'élasticité & *percutent* rarement de la pointe.

Je crois en découvrir la véritable raison lorsque je considere la forme longue & plate de leurs pieds. Je compare cette partie à un *levier* de la seconde espece, c'est-à-dire à un *levier* dans lequel le poids est entre l'*appui* & la *puissance*, tandis que l'*appui* & la *puissance* sont à ses extrêmités. Ici le point fixe ou l'*appui* se trouve à l'extrêmité du pied, la résistance ou le poids du corps porte sur le coudepied, & la puissance qui éleve & soutient ce poids est appliquée au talon par le moyen du *tendon d'Achille*; or comme le *levier* est plus grand dans un pied long & plat, le poids du corps est plus éloigné du *point d'appui* & plus près de la puissance, donc la pesanteur du corps doit augmenter & la force du *tendon d'Achille* diminuer en proportion égale. Je dis donc que cette pesanteur n'étant pas dans une proportion aussi exacte dans les Danseurs *arqués* qu'elle l'est dans les Danseurs *jarretés* qui ont ordinairement le coudepied élevé & fort, ces premiers ont nécessairement moins de facilité à se hausser sur l'extrêmité des pointes.

J'ai observé encore, Monsieur, que les défauts qui se rencontrent depuis les hanches jusqu'aux pieds, se font sentir depuis l'épaule jusqu'à la main ; le plus souvent l'épaule suit la conformation des hanches, le coude celle du genou, le poignet celle du pied ; la plus légere recherche vous convaincra de cette vérité, & vous verrez qu'en général les défauts de conformation provenant de l'arrangement vicieux de quelques articulations, s'étendent à toutes. Ce principe posé, l'Artiste doit suggérer relativement aux bras des mouvements différents à ses éleves. Cette attention est très-importante à faire ; les bras courts n'exigent que des mouvements proportionnés à leur longueur ; les bras longs ne peuvent perdre de leur étendue, que par les *rondeurs* qu'on leur donne ; l'Art consiste à tirer parti de ces imperfections, & je connois des Danseurs qui par le moyen des *effacements* du corps dérobent habilement la longueur de leurs bras ; ils en font *fuir* une partie dans l'ombre.

J'ai dit que les Danseurs *jarretés* étoient foibles, ils sont minces & déliés ; les Danseurs *arqués* forts & vigoureux sont gros & nerveux. On pense assez communément qu'un homme gros & trapu doit être lourd ; ce principe est vrai quant au poids réel du corps, mais il est faux en ce qui concerne la Danse, car la légéreté ne naît que de la force des muscles. Tout homme qui n'en sera aidé que foiblement, *tombera* toujours avec pesanteur. La raison en est simple ; les parties foibles ne pouvant résister dans l'instant de la chûte aux plus fortes, c'est-à-dire au poids du corps qui acquiert à proportion de la hauteur dont il tombe un nouveau degré de pesanteur, cédent & fléchissent, & c'est dans ce moment de relâchement & de flexion que le bruit de la chûte se fait entendre, bruit qui diminue considérablement & qui peut même n'avoir pas lieu quand le corps peut se maintenir dans une ligne exactement perpendiculaire, & lorsque les muscles & les ressorts ont la force de s'opposer à la force même, & de résister avec vigueur au choc qui pourroit les faire succomber. Avant de terminer cette Lettre, revenons un moment aux Danseurs *jarretés* & *arqués*, & souffrez que je vous mette sous les yeux deux exemples vivants : c'est Monsieur *Lany* & Monsieur *Vestris*;

tous deux célebres, tous deux inimitables, ils vous convaincront qu'il est un Art qui en corrigeant la nature, sait l'embellir. Le premier est *arqué* ; il a tiré de ce défaut un avantage qui annonce l'homme habile ; il est *tendu*, il est en dehors, il est vigoureux, mais il est adroit, la précision est l'ame de son exécution, la formation de ses pas est unique tant par la netteté que par la variété & le brillant ; c'est le Danseur le plus savant que je connoisse, Monsieur, & il est glorieux pour lui d'être le modele de son genre en dépit de la nature. Monsieur *Vestris* est *jarreté*, & les gens de l'Art ne s'en appercevroient point sans l'entrechat droit qui le trahit quelquefois ; c'est le meilleur ou le seul Danseur sérieux qui soit au Théatre ; il est élégant, il joint à l'exécution la plus noble & la plus aisée le rare mérite de toucher, d'intéresser & de parler aux passions.

Le célebre *Dupré* a été son modele, & Monsieur *Vestris* l'est aujourd'hui de tous les Danseurs de son genre. Le parti avantageux que ces deux Danseurs ont tiré de leur conformation fait leur éloge; leur genre semble être fait pour leur taille, & leur taille pour leur genre; & si je les ai cités pour exemple, c'est moins pour dévoiler leur conformation que pour exalter leurs talents. Dire qu'ils ont corrigé leurs défauts, c'est avouer qu'ils n'en ont plus.

La nature n'a pas exempté le beau sexe des imperfections dont je vous ai parlé, mais l'artifice & la mode des jupes sont heureusement venus au secours de nos Danseuses. Le panier cache une multitude de défauts, mais l'œil curieux des critiques ne monte pas assez haut pour décider. La plupart d'entr'elles dansent les genoux ouverts comme si elles étoient naturellement *arquées*; grace à cette mauvaise habitude & aux jupes, elles paroissent plus brillantes que les hommes, parce que, comme je l'ai dit, ne *battant* que du bas de la jambe, elles *passent* leurs temps avec plus de vîtesse que nous, qui ne dérobant rien au Spectateur sommes obligés de les *battre* tendus, & de les faire partir primordialement de la hanche, & vous comprenez qu'il faut plus de temps pour remuer un tout qu'une partie. Quant au brillant qu'elles ont, la vivacité y contribue, mais cependant bien moins que les jupes qui en dérobant la longueur des parties fixent plus attentivement les regards & les frappent davantage ; tout le feu des *battemens* étant, pour ainsi dire, réuni dans un point, paroît plus vif & plus brillant ; l'œil l'embrasse tout entier, il est moins partagé & moins distrait à proportion du peu d'espace qu'il a à parcourir.

D'ailleurs, Monsieur, une jolie physionomie, de beaux yeux, une taille élégante & des bras voluptueux, sont des écueils inévitables contre lesquels la critique va se briser, & où le cœur & la raison font souvent naufrage. Les jolies femmes sont comme des bijoux artistement montés, on ne peut les voir sans souhaiter de les posséder ; & le desir d'en jouir ne permet pas de s'arrêter à une infinité de défauts qui ne s'opposent jamais à des applaudissements & à des louanges intéressées. *Je suis*, &c.

LETTRE XII.

Rien n'est si nécessaire, Monsieur, que le tour de la cuisse en dehors pour bien danser, & rien n'est si naturel aux hommes que la position contraire. Nous naissons avec elle; il est inutile pour vous convaincre de cette vérité, de vous citer pour exemple les Levantins, les Afriquains & tous les Peuples qui dansent, ou plutôt qui sautent & qui se meuvent sans principes. Sans aller si loin, considérez les enfants; jettez les yeux sur les habitants de la campagne, & vous verrez que tous ont les pieds en dedans; la situation contraire est donc de pure convention, & une preuve non équivoque que ce défaut n'est qu'imaginaire, c'est qu'un Peintre pécheroit autant contre la nature que contre les regles de son Art, s'il plaçoit son modele les pieds tournés comme ceux d'un Danseur. Vous voyez donc, Monsieur, que pour danser avec élégance, marcher avec grace & se présenter avec noblesse, il faut absolument renverser l'ordre des choses & contraindre les parties par une application aussi longue que pénible à prendre une toute autre situation que celle qu'elles ont primordialement reçue.

On ne peut parvenir à opérer ce changement d'une nécessité absolue dans notre Art qu'en entreprenant de le produire dès le temps de l'enfance; c'est le seul moment de réussir, parce qu'alors toutes les parties sont souples & qu'elles se prêtent facilement à la direction qu'on veut leur donner.

Un Jardinier habile ne s'aviseroit sûrement pas de mettre un vieux arbre de *plein-vent* en espalier ; ses branches trop dures n'obéiroient pas & se briseroient plutôt que de céder à la contrainte qu'on voudroit leur imposer. Qu'il prenne un jeune arbrisseau, il parviendra facilement à lui donner telle forme qu'il voudra ; ses branches tendres se plieront & se placeront à son gré ; le temps en fortifiant ses rameaux fortifiera la pente que la main du Maître aura dirigé, & chacun d'eux s'assujettira pour toujours à l'impression & à la direction que l'Art lui aura prescrit.

Vous voyez, Monsieur, que voilà la nature changée ; mais cette opération une fois faite, il n'est plus permis à l'Art de faire un second miracle, en rendant à l'arbre sa premiere forme. La nature dans certaines parties, ne se prête à des changements qu'autant qu'elle est foible encore. Le temps lui-a-t-il donné des forces ? Elle résiste, elle est indomptable.

Concluons de là que les parents sont ou du moins devroient être les premiers Maîtres de leurs enfants. Combien de défectuosités ne rencontrons-nous point chez eux, lorsqu'on nous les confie ? C'est, dira-t-on, la faute des nourrices. Raisons foibles, excuse frivole, qui loin de justifier la négligence des peres & des meres ne servent qu'à les condamner. En supposant que les enfants aient été mal emmaillottés, c'est un motif de plus pour exciter leur attention, puisqu'il est certain que deux ou trois ans de négligence de la part des nourrices, ne peuvent prévaloir sur huit ou neuf années de soin de la leur.

Mais revenons à la position en dedans. Un Danseur *en dedans* est un Danseur & mal-adroit & désagréable. L'attitude contraire donne de l'aisance & du brillant, elle répand des graces dans les pas, dans les développements, dans les positions & dans les attitudes.

On réussit difficilement à se mettre *en dehors*, parce qu'on ignore souvent les vrais moyens qu'il faut employer pour y parvenir. La plupart des jeunes gens qui se livrent à la Danse se persuadent qu'ils parviendront à se tourner, en forçant uniquement leurs pieds à se placer *en dehors*. Je sais que cette partie peut se prêter à cette direction par sa souplesse & la mobilité de son articulation avec la jambe; mais cette méthode est d'autant plus fausse qu'elle déplace les chevilles & qu'elle n'opere rien sur les genoux ni sur les cuisses.

Il est encore impossible de jeter les premieres de ces parties *en dehors* sans le secours des secondes. Les genoux en effet n'ont que deux mouvements, celui de flexion & celui d'extension ; l'un détermine la jambe en arriere, & l'autre la détermine en avant ; or ils ne pourroient se porter *en dehors* d'eux-mêmes ; & tout dépend essentiellement de la cuisse, puisque c'est elle qui commande souverainement aux parties qu'elle domine & qui lui sont inférieures. Elle les tourne conséquemment au mouvement de rotation dont elle est douée, & dans quelque sens qu'elle se meuve, le genou, la jambe & le pied sont forcés à la suivre.

Je

Je ne vous parlerai point d'une machine que l'on nomme *tourne-hanche*, machine mal imaginée & mal combinée, qui loin d'opérer efficacement eftropie ceux qui s'en fervent, en imprimant dans la ceinture un défaut beaucoup plus défagréable que celui qu'on veut détruire.

Les moyens les plus fimples & les plus naturels font toujours ceux que la raifon & le bon fens doivent adopter lorfqu'ils font fuffifants. Il ne faut donc pour fe mettre *en dehors* qu'un exercice modéré mais continuel. Celui des ronds ou tours de jambes en dedans ou en dehors, & des grands *battements tendus* partants de la hanche, eft l'unique & le feul à préférer. Infenfiblement il donne du jeu, du reffort & de la foupleffe, au lieu que la boîte ne follicite qu'à des mouvements qui se ressentent plutôt de la contrainte que de la liberté qui doit les faire naître.

En gênant les doigts de quiconque joue d'un instrument, parviendra-t-on à lui donner un jeu vif & une cadence brillante? Non, sans doute ; ce n'est que l'usage libre de la main & des jointures qui peut lui procurer cette vîtesse, ce brillant & cette précision qui sont l'ame de l'exécution. Comment donc un Danseur réussira-t-il à avoir toutes ces perfections, s'il passe la moitié de sa vie dans des entraves ? Oui, Monsieur, l'usage de cette machine est pernicieux. Ce n'est point par la violence que l'on corrige un défaut inné ; c'est l'ouvrage du temps, de l'étude & de l'application.

Il est encore des personnes qui commencent trop tard, & qui prennent la Danse dans l'âge où l'on doit songer à la quitter. Vous comprenez que dans cette circonstance les machines n'opèrent pas plus efficacement que le travail ; j'ai connu des hommes qui se donnoient une question d'autant plus douloureuse que tout en eux étant formé, ils étoient privés de cette souplesse qui se perd avec la jeunesse. Un défaut de trente-cinq ans est un vieux défaut ; il n'est plus temps de le détruire ni de le pallier.

Ceux qui naissent de l'habitude sont en grand nombre. Je vois tous les enfants occupés en quelque sorte à déranger & à défigurer leur construction. Les uns se déplacent les chevilles par l'habitude qu'ils contractent de n'être que sur une jambe, &

de jouer, pour ainsi dire, avec l'autre, en portant continuellement le pied sur lequel le corps n'est point appuyé dans une position désagréable & forcée, mais qui ne les fatigue point, parce que la foiblesse de leurs ligaments & de leurs muscles se prête à toutes sortes de mouvements; d'autres faussent leurs genoux par les attitudes qu'ils adoptent de préférence à celles qui leur sont naturelles. Celui-ci par une suite de l'habitude qu'il prend de se tenir de travers & d'avancer une épaule, se déplace une *omoplate*. Celui-là enfin répétant à chaque instant un mouvement & une situation contrainte jette son corps tout d'un côté, & parvient à avoir une hanche plus grosse que l'autre.

Je ne finirois point si je vous parlois de tous les inconvénients qui prennent leur source d'un mauvais maintien. Tous ces défauts mortifiants pour ceux qui les ont contractés ne peuvent s'effacer que dans leur naissance. L'habitude qui naît de l'enfance se fortifie dans la jeunesse, s'enracine dans l'âge viril ; elle est indestructible dans la vieillesse.

Les Danseurs devroient, Monsieur, suivre le même régime que les Athletes, & user des mêmes précautions dont ils se servoient lorsqu'ils alloient lutter & combattre ; cette attention les préserveroit des accidents qui leur arrivent journellement ; accidents aussi nouveaux sur le Théatre que les cabrioles, & qui se sont multipliés à mesure que l'on a voulu outrer la nature & la contraindre à des actions le plus souvent au-dessus de ses forces. Si notre Art exige avec les qualités de l'esprit la force & l'agilité du corps, quels soins ne devrions-nous pas apporter pour nous former un tempérament vigoureux ! Pour être bon Danseur, il faut être sobre ; les chevaux anglois destinés aux courses rapides auroient-ils cette vîtesse & cette agilité qui les distingue & qui leur fait donner la préférence sur les autres chevaux, s'ils étoient moins bien soignés. Tout ce qu'ils mangent est pesé avec la plus grande exactitude; tout ce qu'ils boivent est scrupuleusement mesuré ; le temps de leur exercice est fixé, ainsi que celui de leur repos. Si ces précautions opèrent efficacement sur des animaux robustes, combien une vie sage & réglée n'influeroit-elle pas sur des êtres naturellement foibles, mais appellés par leur fortune & par leur état à un exercice violent & pénible qui exige la complexion la plus forte & la plus robuste.

La rupture du *tendon d'Achille* & de la jambe, le déboîtement du pied, en un mot, la luxation des parties quelconques sont communément occasionnés dans un Danseur par trois choses; 1°. par les inégalités du Théatre; par une trappe mal assurée, ou par du suif ou quelque autre chose semblable qui se trouvant sous son pied occasionnent souvent sa chûte; 2°. Par un exercice trop violent & trop immodéré qui joint à des excès d'un autre genre affoiblissent & relâchent les Parties; dès-lors il y a peu de souplesse; les ressorts n'ont qu'un jeu forcé; tout est dans une sorte de desséchement. Cette rigidité dans les muscles, cette privation des sucs & cet épuisement conduisent insensiblement aux accidents les plus funestes. 3°. Par la mal-adresse & par les mauvaises habitudes que l'on contracte dans l'exercice; par les positions défectueuses des pieds qui ne se présentant point directement vers la terre lorsque le corps retombe, tournent, plient & succombent sous le poids qu'ils reçoivent.

La plante du pied est la vraie base sur laquelle porte toute notre machine. Un Sculpteur courroit risque de perdre son ouvrage s'il ne l'étayoit que sur un corps rond & mouvant; la chûte de sa statue seroit inévitable, elle se romproit & se briseroit infailliblement. Le Danseur par la même raison doit se servir de tous les doigts de ses pieds, comme d'autant de branches dont l'*écartement* sur le sol augmentant l'espace de son appui affermit & maintient son corps dans l'équilibre juste & convenable ; s'il néglige de les étendre, s'il ne *mord* en quelque façon la planche pour se cramponner & se tenir ferme, il s'ensuivra une foule d'accidents. Le pied perdra sa forme naturelle, il s'arrondira & vacillera sans cesse & de côté, du petit doigt au pouce, & du pouce au petit doigt : cette espece de *roulis* occasionné par la forme convexe que l'extrêmité du pied prend dans cette position, s'oppose à toute stabilité ; les chevilles chancellent & se déplacent ; & vous sentez, Monsieur, que dans le temps où la masse tombera d'une certaine hauteur, & ne trouvera pas dans sa base un point fixe capable de la recevoir & de terminer fa chûte, toutes les articulations feront bleſſées de ce choc & de cet ébranlement; & l'inſtant où le Danſeur tentera de chercher une poſition ferme, & où il fera les plus violents efforts pour fe dérober au danger, fera toujours celui où il fuccombera, foit enfuite d'une entorfe, foit enfuite de la rupture de la jambe ou du tendon. Le paſſage fubit du relâchement à une forte tenſion & de la flexion à une extenſion violente eſt donc l'occaſion d'une foule d'accidents qui feroient fans doute moins fréquents, fi l'on fe prêtoit, pour ainſi dire, à la chûte, & fi les parties foibles ne tentoient pas de réfiſter contre un poids qu'elles ne peuvent ni foutenir ni vaincre; & l'on ne fauroit trop fe précautionner contre les fausses positions, puisque les suites en sont si funestes.

Les chûtes occasionnées par les inégalités du Théatre & autres choses semblables ne sauroient être attribuées à notre mal-adresse ; quant à celles qui proviennent de notre foiblesse & de notre abattement après un excès de travail, & ensuite d'un genre de vie qui nous conduit à l'épuisement, ne peuvent être prévenues que par un changement de conduite & par une exécution proportionnée aux forces qui nous restent. L'ambition de cabrioler est une ambition folle qui ne mene à rien. Un bouffon arrive d'Italie : sur le champ le Peuple dansant veut imiter ce Sauteur en liberté ; les plus foibles sont toujours ceux qui font les plus grands efforts pour l'égaler & même pour le surpasser ; on diroit à voir *gigotter* nos Danseurs, qu'ils sont atteints d'une maladie qui demande pour être guérie de grands sauts, d'énormes gambades. Je crois voir, Monsieur, la grenouille de la Fable : elle creve en faisant des efforts pour s'enfler, & les Danseurs se rompent & s'estropient en voulant imiter l'Italien fort & nerveux.

Il est un Auteur dont j'ignore le nom & qui s'est trompé grossiérement, en faisant insérer dans un Livre qui fera toujours autant d'honneur à notre nation qu'à notre siecle, que la flexion des genoux & leur extension étoient ce qui élevoit le corps. Ce principe est totalement faux, & vous serez convaincu de l'impossibilité physique de l'effet annoncé par ce système anti-naturel, si vous pliez les genoux, & si vous les étendez enfuite. Que l'on faffe ces divers mouvements foit avec célérité, foit avec lenteur, foit avec douceur, foit avec force ; les pieds ne quitteront point terre, cette flexion & cette extenfion ne peuvent élever le corps, fi les parties effentielles à la *réaction* ne jouent pas de concert. Il auroit été plus fage de dire que l'action de fauter dépend des refforts du coudepied, des mufcles de cette partie & du jeu du *tendon d'Achille* s'ils opérent une *percuffion* ; car on parviendroit en *percutant* à une légere élévation fans le fecours de la flexion & par conféquent de la *détente* des genoux.

Ce feroit encore une autre erreur que de fe perfuader qu'un homme fort & vigoureux doit s'élever davantage qu'un homme foible & délié. L'expérience nous prouve tous les jours le contraire. Nous voyons d'une part des Danseurs qui *coupent* leurs temps avec force, qui les *battent* avec autant de vigueur que de fermeté, & qui ne parviennent cependant qu'à une élévation perpendiculaire fort médiocre ; car l'élévation oblique ou de côté doit être distinguée. Elle est, si j'ose le dire, feinte & ne dépend entiérement que de l'adresse; d'un autre côté, nous avons des hommes foibles dont l'exécution est moins nerveuse, plus propre que forte, plus adroite que vigoureuse, & qui s'élevent prodigieusement. C'est donc, Monsieur, à la forme du pied, à sa conformation, à la longueur du tendon, à son élasticité que l'on doit primitivement l'élévation du corps; les genoux, les reins & les bras coopérent unanimement & de concert à cette action: plus la *preffion* est forte, plus la *réaction* est grande, & par conséquent plus le saut a d'élévation. La flexion des genoux & leur extension participent aux mouvements du coudepied & du *tendon d'Achille* que l'on doit regarder comme les ressorts les plus essentiels. Les muscles du tronc se prêtent à cette opération & maintiennent le corps dans une ligne perpendiculaire, tandis que les bras qui ont concouru imperceptiblement à l'effort mutuel de toutes les parties servent, pour ainsi dire, d'ailes & de contrepoids à la machine. Considérez, Monsieur, tous les animaux qui ont le tendon mince & allongé, les cerfs, les chevreuils, les moutons, les chats, les singes, &c. & vous verrez que ces animaux ont une vîtesse & une facilité à s'élever que les animaux différemment conſtruits ne peuvent avoir.

On peut aſſez communément croire que les jambes *battent* les temps de l'entrechat lorſque le corps retombe. Je conviens que l'œil qui n'a pas le temps d'examiner nous trompe ſouvent ; mais la raiſon & la réflexion nous dévoilent enſuite ce que la vîteſſe ne lui permet point d'anatomiſer. Cette erreur naît de la précipitation avec laquelle le corps deſcend ; quoi qu'il en ſoit l'entrechat eſt fait lorſque le corps eſt parvenu à ſon degré d'élévation ; les jambes, dans l'inſtant imperceptible qu'il emploie à retomber, ne ſont attentives qu'à recevoir le choc & l'ébranlement que la peſanteur de la maſſe leur prépare ; leur immobilité eſt abſolument néceſſaire ; s'il n'y avoit

avoit pas un intervalle entre les *battements* & la chûte, comment le Danseur retomberoit-il, & dans quelle position ses pieds se trouveroient - ils ? En admettant la possibilité de *battre* en descendant, on retranche l'intervalle nécessaire à la préparation de la *retombée*, or il est certain que les pieds rencontrant la terre dans le moment que les jambes battroient encore ne seroient pas dans une direction propre à recevoir le corps, ils succomberoient sous le poids qui les écraseroit, & ne pourroient se soustraire à l'entorse ou au déboîtement.

Il est néanmoins beaucoup de Danseurs qui s'imaginent faire l'entrechat en descendant, & conséquemment bien des Danseurs errent & se trompent. Je ne dis pas qu'il soit moralement impos-
Y

sible de faire faire un mouvement aux jambes par un effort violent de la hanche ; mais un mouvement de cette espece ne peut être regardé comme un temps de l'entrechat ou de la Danse. Je m'en suis convaincu par moi-même, & ce n'est que d'après des expériences réitérées que je hazarde de combattre une idée à laquelle on ne seroit point attaché, si la plus grande partie des Danseurs ne s'appliquoit uniquement qu'à étudier des yeux.

Je suis monté en effet & plusieurs fois sur une planche dont les extrêmités portoient sur deux tonneaux ; lorsque je m'appercevois du coup que l'on alloit donner à la planche pour la dérober de dessous mes pieds, la crainte alors m'engageoit à faire un mouvement qui en esquivant la chûte m'élevoit un peu au-deſſus de la planche & me faiſoit parcourir une ligne oblique au lieu d'une ligne droite. Cette action en rompant la chûte donnoit à mes jambes la facilité de ſe mouvoir, parce que je m'étois élevé au-deſſus de la planche, & qu'un demi-pouce d'élévation lorſque l'on a de la vîteſſe, ſuffit pour *battre* l'entrechat.

Mais ſi ſans être prévenu on caſſoit ou on déroboit la planche, alors je tombois perpendiculairement ; mon corps s'affaiſſoit ſur les parties inférieures ; mes jambes étoient immobiles, & mes pieds tendant directement vers la terre étoient ſans mouvement, mais dans une poſition propre à recevoir & à ſoutenir la maſſe.

Si l'on admet de la force dans l'inſtant que le corps tombe & que l'on croie qu'il lui soit possible d'opérer une seconde fois sans un nouvel effort & un nouveau point d'appui contre lequel les pieds puissent lutter par une *pression* plus ou moins forte, je demanderai pourquoi le même pouvoir n'existe pas dans un homme qui s'élance pour sauter un fossé ? D'où vient ne peut-il passer le but qu'il a fixé ? D'où vient dis-je, ne peut-il changer en l'air la combinaison qu'il a faite de la distance & de la force qu'il lui falloit pour le franchir ? Pourquoi enfin celui qui a combiné mal-adroitement & qui se voit prêt à tomber dans l'eau pour n'avoir pas sauté deux pouces plus loin, ne peut-il réitérer l'effort & porter son corps par une seconde secousse au-delà du fossé ?

S'il y a de l'impossibilité à faire ce

mouvement, combien plus y en aura-t-il à en faire un autre qui exige de la grace, de l'aisance & de la tranquillité.

Tout Danseur qui fait l'entrechat sait à combien de temps il le *passera* ; l'imagination devance toujours les jambes ; on ne peut le *battre à huit*, si l'intention n'étoit que de le *passer à six* ; sans cette précaution il y auroit autant de chûtes que de pas.

Je soutiens donc que le corps ne peut opérer deux fois en l'air lorsque les ressorts de la machine ont joué & que leur effet est déterminé.

Deux défauts s'opposent encore aux progrès de notre Art ; premiérement, les disproportions qui régnent communément dans les pas ; secondement, le peu de fermeté des reins.

Les disproportions dans les temps

prennent leur source de l'imitation & du peu de raisonnement des Danseurs. Les *déployements* de la jambe & les *temps ouverts* convenoient sans doute à M. *Dupré* ; l'élégance de sa taille & la longueur de ses membres s'associoient à merveille aux *temps développés* & aux pas hardis de sa Danse ; mais ce qui lui alloit ne peut être propre aux Danseurs d'une taille médiocre, cependant tous vouloient l'imiter ; les jambes les plus courtes s'efforçoient de parcourir les mêmes espaces & de décrire les mêmes cercles que celles de ce célebre Danseur ; dès-lors plus de fermeté, les hanches n'étoient jamais à leur place, le corps vacilloit sans cesse, l'exécution étoit ridicule, j'imaginois de voir *Thersite* imiter *Achille*.

L'étendue & la longueur des parties

doivent déterminer les contours & les déployements. Sans cette précaution, plus d'*ensemble*, plus d'harmonie, plus de tranquillité & plus de graces; les parties sans cesse désunies & toujours distantes jetteront le corps dans des positions fausses & désagréables, & la Danse dénuée de ses justes proportions ressemblera à l'action de ces *Pantins* dont les mouvements ouverts & disloqués n'offrent que la *charge* grossiere des mouvements harmonieux que les bons Danseurs doivent avoir.

Ce défaut est, Monsieur, fort à la mode parmi ceux qui dansent le sérieux, & comme ce genre regne à Paris plus que par-tout ailleurs, il est très-commun d'y voir danser le Nain dans des proportions gigantesques & ridicules ; j'ose même avancer que ceux qui sont doués d'une taille majestueuse abusent quelquefois de l'étendue de leurs membres & de la facilité qu'ils ont d'arpenter le Théatre & de détacher leurs temps; ces *déployements* outrés altérent le caractere noble & tranquille que la belle Danse doit avoir, & privent l'exécution de son *moëlleux* & de sa douceur.

Le contraire de ce que je viens de vous dire est un défaut qui n'est pas moins désagréable; des pas serrés, des temps *maigres* & rétrecis, une exécution enfin trop petite choquent également le bon goût. C'est donc, je le répete, la taille & la conformation du Danseur qui doivent fixer & déterminer l'étendue de ses mouvements & les proportions que ses pas & ses attitudes doivent avoir, pour être dessinés correctement & d'une maniere brillante.

On ne peut être excellent Danfeur fans être ferme fur fes reins, eût-on même toutes les qualités effentielles à la perfection de cet Art. Cette force eft fans contredit un don de la nature; n'eft-elle pas cultivée par les foins du Maître habile ? elle ceffe dès-lors d'être utile. Nous voyons journellement des Danfeurs forts & vigoureux qui n'ont ni *à-plomb* ni fermeté, & dont l'exécution eft *déhanchée.* Nous en rencontrons d'autres au contraire qui n'étant point nés avec cette force, font pour ainfi dire, affis folidement fur leurs hanches, qui ont la ceinture affurée & les reins fermes; l'Art chez eux a fuppléé à la nature, parce qu'ils ont eu le bonheur de rencontrer d'excellents Maîtres qui leur ont démontré que lorfqu'on *abandonne les reins*, il est impossible de se soutenir dans une ligne droite & perpendiculaire ; que l'on se dessine de mauvais goût ; que la vacillation & l'instabilité de cette partie s'opposent à l'*à-plomb* & à la fermeté ; qu'ils impriment un défaut désagréable dans la ceinture ; que l'affaissement du corps ôte aux parties inférieures la liberté dont elles ont besoin pour se mouvoir avec aisance ; que le corps dans cette situation est comme indéterminé dans ses positions ; qu'il entraîne souvent les jambes ; qu'il perd à chaque instant le centre de gravité, & qu'il ne retrouve enfin son équilibre qu'après des efforts & des contorsions qui ne peuvent s'associer aux mouvements gracieux & harmonieux de la Danse.

Voilà, Monsieur, le tableau fidelle de l'exécution des Danseurs qui n'ont point de reins, ou qui ne s'appliquent point à faire un bon usage de ceux qu'ils ont. Il faut pour bien danser que le corps soit ferme & tranquille, qu'il soit immobile & inébranlable dans le temps des mouvements des jambes. Se prête-t-il au contraire à l'action des pieds ? il fait autant de grimaces & de contorsions qu'ils exécutent de pas différents : l'exécution dès-lors est dénuée de repos, d'*ensemble*, d'harmonie, de précision, de fermeté, d'*à-plomb* & d'équilibre, enfin elle est privée des graces & de la noblesse qui sont les qualités sans lesquelles la Danse ne peut plaire.

Quantité de Danseurs s'imaginent, Monsieur, qu'il n'est question que de plier les genoux très-bas pour être *liant & moëlleux*; mais ils se trompent à coup sûr, car la flexion trop outrée donne de la sécheresse à la Danse ; on peut être très-dur & *sacader* tous les mouvements en pliant bas comme en ne pliant pas. La raison en est simple, naturelle & évidente lorsque l'on considere que les temps & les mouvements du Danseur sont exactement subordonnés aux temps & aux mouvements de la Musique. En partant de ce principe, il n'est pas douteux que fléchissant les genoux plus bas qu'il ne le faut relativement à l'air sur lequel on danse, la mesure alors traîne, languit & se perd. Pour regagner le temps que la flexion lente & outrée a fait perdre, & pour le rattraper, il faut que l'extension soit prompte, & c'est ce passage subit

& soudain de la flexion à l'extension qui donne à l'exécution une sécheresse & une dureté tout aussi choquante & aussi désagréable que celle qui résulte de la roideur.

Le *moëlleux* dépend en partie de la flexion proportionnée des genoux, mais ce mouvement n'est pas suffisant; il faut encore que les coudepieds fassent ressort, & que les reins servent, pour ainsi dire, de contrepoids à la machine, pour que ces ressorts baissent & haussent avec douceur. C'est cette harmonie rare dans tous les mouvements qui a décoré le Célebre *Dupré* du titre glorieux de Dieu de la Danse: en effet, cet excellent Danseur avoit moins l'air d'un homme que d'une Divinité ; le *liant*, le *moëlleux* & la douceur qui régnoient dans tous ses mouvements, la correspondance intime qui se rencontroit dans le jeu de ses articulations, offroient un *ensemble* admirable, *ensemble* qui résulte de la belle conformation, de l'arrangement juste, de la proportion bien combinée des parties, & qui dépendant bien moins de l'étude & du raisonnement que de la nature, ne peut s'acquérir que lorsque l'on est servi par elle.

Si les Danseurs même les plus médiocres sont en possession d'une grande quantité de pas (mal cousus, à la vérité & liés la plupart à contresens & de mauvais goût;) il est moins commun de rencontrer chez eux cette précision d'oreille, talent rare mais inné qui caractérise la Danse, qui donne de l'esprit & de la valeur aux pas, & qui répand sur tous les mouvements un sel qui les anime & qui les vivifie.

Il y a des oreilles fausses & insensibles aux mouvements les plus simples & les plus saillants; il y en a de moins dures qui sentent la mesure mais qui ne peuvent en saisir les finesses ; il y en a d'autres enfin qui se prêtent naturellement & avec facilité aux mouvements des airs les moins sensibles. Mlle. *Camargo* & Mr. *Lany* jouissent de ce tact précieux & de cette précision exacte qui prêtent à la Danse un esprit, une vivacité & une gaieté que l'on ne rencontre point chez les Danseurs qui ont moins de sensibilité & de finesse dans cet organe; il est cependant constant que la maniere de prendre les temps, en contribuant à la vîtesse ajoute en quelque sorte à la délica-

tesse de l'oreille, je veux dire que tel Danseur peut avoir un très-beau tact & ne le pas rendre sensible aux Spectateurs, s'il ne possede l'art de se servir avec aisance des ressorts qui font mouvoir le coudepied; la mal-adresse s'oppose donc à la justesse, & tel pas qui auroit été saillant & qui auroit produit l'effet le plus séducteur, s'il eût été pris avec promptitude & à l'extrêmité de la mesure, paroît froid & inanimé, si toutes les parties opérent à la fois. Il faut plus de temps pour mouvoir toute la machine qu'il n'en faut pour en mouvoir une partie; la flexion & l'extension du coudepied est bien plus prompte & bien plus subite que la flexion & l'extension générale de toutes les articulations. Ce principe posé, la précision manque à celui qui
ayant

ayant de l'oreille, ne fait pas prendre ses temps avec vîtesse; l'élasticité du coudepied & le jeu plus ou moins actif des ressorts ajoutent à la sensibilité naturelle de l'organe & prêtent à la Danse de la valeur & du brillant. Ce charme qui naît de l'harmonie des mouvements de la Musique & des mouvements du Danseur enchaîne ceux mêmes qui ont l'oreille la plus ingrate & la moins susceptible des impressions de la Musique.

Il est des Pays où les Habitants jouissent généralement de ce tact inné qui seroit rare en France, si nous ne comptions au nombre de nos Provinces la Provence, le Languedoc & l'Alsace.

Le Palatinat, le Wirtemberg, la Saxe, le Brandebourg, l'Autriche & la Boheme fournissent aux Orchestres des

Princes Allemands une quantité d'excellents Muſiciens & de grands Compoſiteurs. Les Peuples de la Germanie naiſſent avec un goût vif & déterminé pour la Muſique ; ils portent en eux le germe de l'harmonie, & il eſt, on ne peut pas plus commun, d'entendre dans les rues & dans les boutiques des Artiſans, des Concerts pleins de juſteſſe & de préciſion. Chacun chante ſa partie & compte ſes temps avec exactitude ; ces Concerts dictés par la ſimple nature & exécutés par les gens les plus vils ont un *enſemble* que nous avons de la peine à faire ſaiſir à nos Muſiciens François, malgré le bâton de meſure & les contorſions de celui qui en eſt muni. Cet inſtrument, ou pour mieux dire cette eſpece de férule décele l'école & retrace la foibleſſe &

& l'enfance dans laquelle notre Musique étoit plongée, il y a soixante ans. Les Etrangers accoutumés à entendre des Orchestres bien plus nombreuses que les nôtres, bien plus variées en instruments & infiniment plus riches en Musique savante & difficultueuse, ne peuvent s'accoutumer à ce bâton, sceptre de l'ignorance qui fut inventé pour conduire des talents naissants ; ce hochet de la Musique au berceau, paroît inutile dans l'adolescence de cet Art. L'Orchestre de l'Opéra, est sans contredit le centre & la réunion des Musiciens habiles ; il n'est plus nécessaire de les avertir comme autrefois qu'il y a deux dieses à la Clef. Je crois donc, Monsieur, que cet instrument sans doute utile dans les temps d'ignorance, ne l'est plus dans un siecle où les beaux arts tendent à la perfection. Le bruit désagréable & dissonant qu'il produit, lorsque le Préfet de la Musique entre dans l'enthousiasme, & qu'il brise le pupitre, distrait l'oreille du Spectateur, coupe l'harmonie, altere le chant des Airs, & s'oppose à toute impression.

Ce goût naturel & inné pour la Musique entraîne après lui celui de la Danse. Ces deux Arts sont freres ; les accents tendres & harmonieux de l'un excite les mouvements agréables & expressifs de l'autre ; leurs talents réunis offrent aux yeux & aux oreilles les tableaux animés du sentiment; ces sens portent au cœur les images intéressantes qui les ont affectés; le cœur les communique à l'ame & le plaisir qui résulte de l'harmonie & de l'intelligence de ces deux Arts enchaîne le Spectateur, & lui fait éprouver ce que la volupté a de plus séduisant.

La Danse est variée à l'infini dans toutes les Provinces de la Germanie. La maniere de danser qui regne dans un Village est presque étrangere dans le Hameau voisin. Les airs mêmes destinés à leurs réjouissances ont un caractere & un mouvement différents, quoiqu'ils portent tous celui de la gaieté. Leur Danse est séduisante, parcequ'elle tient tout de la nature: leurs mouvements ne respirent que la joie & le plaisir, & la précision avec laquelle ils exécutent, donne un agrément particulier à leurs attitudes, à leurs pas & à leurs gestes. Est-il question de sauter ? cent personnes autour d'un chêne ou d'un pilier prennent leurs temps dans le même instant, s'élévent avec la même justesse & retombent avec la même exactitude. Faut-il marquer la mesure par un coup de pied ? tous sont d'accord pour le frapper ensemble. Enlevent-ils leurs femmes ? on les voit toutes en l'air à des hauteurs égales, & ils ne les laissent tomber que sur la note sensible de la mesure.

Le *contrepoint* qui sans contredit est la pierre de touche de l'oreille la plus délicate est pour eux ce qu'il y a de moins difficile ; aussi leur Danse est-elle animée, & la finesse de leur organe jette-t-elle dans leur maniere de se mouvoir une gaieté & une variété que l'on ne trouve point dans nos Contre-danses françoises.

Un Danseur sans oreille est l'image d'un fou qui parle sans cesse, qui dit tout au hazard, qui n'obferve point de fuite dans la converfation, & qui n'articule que des mots mal coufus & dénués de fens commun. La parole ne lui fert qu'à indiquer aux gens fenfés fa folie & fon extravagance. Le Danfeur fans oreille ainfi que le fou fait des pas mal combinés, s'égare à chaque inftant dans fon exécution, court fans ceffe après la mefure & ne l'attrape jamais. Il ne fent rien, tout eft faux chez lui, fa Danfe n'a ni raifonnement ni expreffion, & la Mufique qui devroit diriger fes mouvements, fixer fes pas & déterminer fes temps, ne fert qu'à décéler fon infuffifance & fes imperfections.

L'étude de la Mufique peut, comme je vous l'ai déjà dit, remédier à ce défaut, & donner à l'organe moins d'insensibilité & plus de justesse.

Je ne vous ferai pas, Monsieur, une longue description de tous les enchaînements de pas dont la Danse est en possession; ce détail seroit immense; il est inutile d'ailleurs de m'étendre sur le méchanisme de mon Art; cette partie est portée à un si haut degré de perfection, qu'il seroit ridicule de vouloir donner de nouveaux préceptes aux Artistes. Une pareille dissertation ne pourroit manquer d'être froide & de vous déplaire; c'est aux yeux & non aux oreilles que les pieds & les jambes doivent parler.

Je me contenterai donc de dire que ces enchaînements sont innombrables, que chaque Danseur a sa maniere particuliere d'allier & de varier ses temps. Il en est de la Danse, comme de la Musique, & des Danseurs comme des Muſiciens; notre Art n'eſt pas plus riche en pas fondamentaux que la Muſique l'eſt en notes; mais nous avons des Octaves, des Rondes, des Blanches, des Noires, des Croches, des doubles Croches & des triples Croches; des temps à compter & une meſure à ſuivre; ce mélange d'un petit nombre de pas & d'une petite quantité de notes offre une multitude d'enchaînements & de traits variés; le goût & le génie trouvent toujours une ſource de nouveautés, en arrangeant & en retournant cette petite portion de notes & de pas de mille ſens & de mille manieres différentes; ce ſont donc ces pas lents & ſoutenus, ces pas vifs & précipités, & ces temps plus ou moins ouverts qui forment cette diverſité continuelle. *Je ſuis*, &c.

LETTRE XIII.

LA *Chorégraphie* * dont vous voulez que je vous entretienne, Monsieur, est l'Art d'écrire la Danse à l'aide de différents signes, comme on écrit la Musique à l'aide de figures ou de ca-

---

* *Thoinet Arbeau*, Chanoine de Langres s'est distingué le premier par un Traité qu'il donna en 1588, & qu'il a intitulé *Orchesographie*. Il écrivoit au-dessous de chaque note de l'air les mouvemens & les pas de Danses qui lui paroissoient convenables. *Beauchamps* donna ensuite une forme nouvelle à la Chorégraphie & perfectionna l'ébauche ingénieuse de *Thoinet Arbeau*; il trouva le moyen d'écrire les pas par des signes ausquels il attacha une signification & une valeur différentes, & il fut déclaré l'inventeur de cet Art par un Arrêt du Parlement. *Feuillet* s'y attacha fortement, & nous a laissé quelques Ouvrages sur cette matiere.

racteres désignés par la dénomination de Notes, avec cette différence qu'un bon Musicien lira deux cents mesures dans un instant, & qu'un excellent *Chorégraphe* ne déchiffrera pas deux cents mesures de Danse en deux heures. Ces signes représentatifs se conçoivent aisément; on les apprend vîte, on les oublie de même. Ce genre d'écriture particulier à notre Art, & que les anciens ont peut-être ignoré pouvoit être nécessaire dans les premiers moments où la Danse a été asservie à des principes. Les Maîtres s'envoyoient réciproquement de petites contre-danses & des morceaux brillants & difficiles, tels que le *Menuet d'Anjou*, la *Bretagne*, la *Mariée*, le *Passepied*, sans compter encore les *Folies d'Espagne*, la *Pavanne*, la *Courante*, la *Bourrée* d'*Achille* & l'*Allemande*. Les chemins ou la figure de ces Danses étoient tracés ; les pas étoient ensuite indiqués sur ces chemins par des traits & des signes démonstratifs & de convention ; la cadence ou la mesure étoient marquées par de petites barres posées transversalement qui divisoient les pas & fixoient les temps ; l'air sur lequel ces pas étoient composés, se notoit au-dessus de la page, de sorte que huit mesures de *Chorégraphie* équivaloient à huit mesures de Musique ; moyennant cet arrangement on parvenoit à épeller la Danse, pourvu que l'on eût la précaution de ne jamais changer la position du Livre, & de le tenir toujours dans le même sens. Voilà, Monsieur, ce qu'étoit jadis la *Chorégraphie*. La Danse étoit simple & peu composée; la maniere de l'écrire étoit par conséquent facile, & on apprenoit à la lire fort aifément; mais aujourd'hui les pas font compliqués; ils font doublés & triplés; leur mêlange eft immenfe; il eft donc très-difficile de les mettre par écrit & encore plus difficile de les déchiffrer. Cet Art au refte eft très-imparfait; il n'indique exactement que l'action des pieds, & s'il nous défigne les mouvements des bras, il n'ordonne ni les pofitions ni les contours qu'ils doivent avoir: il ne nous montre encore ni les attitudes du corps, ni fes *effacements*, ni les *oppofitions* de la tête, ni les fituations différentes, nobles & aifées, néceffaires dans cette partie, & je le regarde comme un Art inutile puifqu'il ne peut rien pour la perfection du nôtre.

Je demanderois à ceux qui se font gloire d'être inviolablement attachés à la *Chorégraphie* & que peut-être je scandalise, à quoi cette science leur a servi ? Quel lustre a-t-elle donné à leurs talents ? Quel vernis a-t-elle répandu sur leur réputation ? Ils me répondront, s'ils sont sinceres, que cet Art n'a pu les élever au-dessus de ce qu'ils étoient, mais qu'ils ont en revanche tout ce qui a été fait de beau en matiere de Danse depuis cinquante ans. « Conservez, leur dirai-je, ce recueil » précieux ; votre cabinet renferme tout » ce que les *Dupré*, les *Camargo*, les » *Lany*, les *Vestris* & peut-être même » les *Blondi* ont imaginé d'enchaîne- » ments & de temps subtils, hardis & » savants, & cette collection est sans » doute très-belle ; mais je vois avec

» regret que toutes ces richesses réunies
» n'ont pu vous sauver de l'indigence
» dans laquelle vous êtes des biens qui
» vous auroient tiré de la médiocrité.
» Entassez, tant qu'il vous plaira, ces
» foibles monuments de la gloire de
» nos Danseurs célebres; je n'y vois &
» l'on n'y verra que le premier crayon,
» ou la premiere pensée de leurs talents;
» je n'y distinguerai que des beautés
» éparses, sans *ensemble*, sans *coloris*;
» les grands traits en seront effacés; les
» proportions, les contours agréables
» ne frapperont point mes yeux ; j'ap-
» percevrai seulement des vestiges &
» des traces d'une action dans les pieds
» que n'accompagneront ni les attitu-
» des du corps, ni les positions des bras,
» ni l'expression des têtes ; en un mot,
» vous ne m'offrirez que l'ombre impar-

» faite du mérite supérieur, & qu'une
» copie froide & muette d'originaux
» inimitables. »

J'ai appris, Monsieur, la *Chorégraphie* & je l'ai oubliée; si je la croyois utile à mes progrès je l'apprendrois de nouveau. Les meilleurs Danseurs & les Maîtres de Ballets les plus célebres la dédaignent parce qu'elle semble n'être pour eux d'aucun secours réel. Elle pourroit cependant acquérir un degré d'utilité & je me propose de vous le prouver, après vous avoir fait part d'un projet né de quelques réflexions sur l'Académie de Danse, dont l'établissement n'a eu vraisemblablement d'autre objet que celui de parer à la décadence de notre Art & d'en hâter les progrès.

La Danse & les Ballets prendroient sans doute une nouvelle vie, si des
usages

usages établis par un esprit de crainte & de jalousie, ne fermoient en quelque sorte le chemin de la gloire à tous ceux qui pourroient se montrer avec quelque avantage sur le Théâtre de la Capitale, & convaincre par la nouveauté de leur genre que le génie est de tous les pays, & qu'il croît & s'éleve en Province avec autant de facilité que par-tout ailleurs.

Ne croyez pas, Monsieur, que je veuille déprimer les Danseurs que la faveur, ou si vous le voulez, une étoile propice & favorable a conduit à une place à laquelle de vrais talents les appelloient; l'amour de mon Art, & non l'amour de moi-même est le seul qui m'anime, & je me persuade que sans blesser quelqu'un, il m'est permis de souhaiter à la Danse les prérogatives dont jouit la Comédie. Or les Comédiens de Province n'ont-ils pas la liberté de débuter à Paris & d'y jouer trois Rôles différents & à leur choix? Oui sans doute, me dira-t-on; mais ils ne sont pas toujours reçus; eh! qu'importe à celui qui réussit & qui plaît généralement d'être reçu, ou de ne le pas être? Tout Acteur qui triomphe par ses talents de la Cabale comique, & qui s'attire sans bassesse les suffrages unanimes d'un Public éclairé, doit être plus que dédommagé de la privation d'une place qu'il ne doit plus regretter lorsqu'il sait qu'il la mérite légitimement.

La Peinture n'auroit certainement pas produit tant d'hommes illustres dans tous les genres qu'elle embrasse, fans cette émulation qui regne dans fon Académie. C'eſt-là, Monſieur, que le vrai mérite peut ſe montrer fans crainte; il place chacun dans le rang qui lui convient, & la faveur fut toujours plus foible à la Galerie du Louvre qu'un beau pinceau qui la force au filence.

Si les Ballets font des tableaux vivants; s'ils doivent réunir tous les charmes de la Peinture, pourquoi n'eſt-il pas permis à nos Maîtres d'expoſer ſur le Théatre de l'Opéra trois morceaux de ce genre, l'un tiré de l'Hiſtoire, l'autre de la Fable, & le dernier de leur propre imagination? Si ces Maîtres réuſſiſſoient, on les recevroit Membres de l'Académie, ou on les aggrégeroit à cette Société. De cette marque de diſtinction & de cet

A a ij

arrangement naîtroit à coup sûr l'émulation (aliment précieux des Arts) & la Danse encouragée par cette récompense quelque chimérique qu'elle puisse être, se placeroit d'un vol rapide à côté des autres. Cette Académie devenant d'ailleurs plus nombreuse se distingueroit peut-être d'avantage ; les efforts des Provinciaux exciteroient les siens ; les Danseurs qui y seroient agrégés, serviroient d'aiguillon à ses principaux Membres ; la vie tranquille de la Province, faciliteroit à ceux qui y sont répandus les moyens de penser, de réfléchir & d'écrire sur leur Art ; ils adresseroient à la Société des Mémoires souvent instructifs ; l'Académie à son tour seroit forcée d'y répondre, & ce commerce littéraire en répandant sur nous un jour lumineux, nous tireroit peu à peu de notre langueur & de notre obscurité. Les jeunes gens qui se livrent à la Danse machinalement & sans principes s'instruiroient encore infailliblement; ils apprendroient à connoître les difficultés; ils s'éfforceroient de les combattre; & la vue des routes sûres les empêcheroit de se perdre & de s'égarer.

On a prétendu, Monsieur, que notre Académie est le séjour du silence & le tombeau des talents de ceux qui la composent. On s'est plaint de n'en voir sortir aucun Ecrit ni bon, ni mauvais, ni médiocre, ni satisfaisant, ni ennuyeux; on lui reproche de s'être entiérement écartée de sa premiere institution; de ne s'assembler que rarement ou par hazard, de ne s'occuper en aucune maniere des progrès de l'Art qui en est l'objet, ni du soin d'instruire les Danseurs & de former des Eleves. Le moyen que je propose, feroit inévitablement taire ou la calomnie ou la médisance, & rendroit à cette Société la considération & le nom que plusieurs personnes lui refusent peut-être injustement. J'ajouterai que ses succès, si elle se déterminoit à commencer les Disciples, seroient infiniment plus assurés, elle ôteroit du moins à une multitude de Maîtres avides d'une réputation qu'ils n'ont pas méritée, la ressource de s'attribuer les progrès des Eleves & la liberté d'en rejetter les défauts sur ceux dont ils ont reçu les premieres leçons. *Ce Danseur*, disent-ils, *a reçu primitivement de mauvais principes ; s'il a des défauts, ce n'est pas ma faute, j'ai tenté l'impossible ; toutes les per-*

fections que vous lui connoissez m'appartiennent, elles sont mon ouvrage. C'est ainsi, Monsieur, qu'on se ménage adroitement, en se refusant aux peines de l'Etat, une réponse courte en cas de critique, & une sorte de crédit & de confiance en cas d'applaudissement. Vous conviendrez cependant que la perfection de l'ouvrage dépend en partie de la beauté de *l'ébauche* ; mais un Ecolier que l'on présente au Public est comme un tableau qu'un Peintre expose au *Sallon* ; tout le monde le voit, tout le monde l'admire & l'applaudit, ou tout le monde le blâme & le censure ; figurez-vous donc l'avantage que l'on a d'être constamment à l'affût des Sujets agréables formés dans la Province, dès qu'on peut se faire honneur des talents qu'on ne leur a pas donnés.

Il ne s'agit que de débiter d'abord que l'Eleve a été indignement enseigné; que le Maître l'a totalement perdu; que l'on a une peine inconcevable à détruire cette mauvaise *Danse de Campagne* & à remédier à des défauts étonnants: il faut ensuite ajouter que l'Eleve a du zele; qu'il répond aux soins qu'on se donne; qu'il travaille nuit & jour; & le faire débuter un mois après. *Allons voir*, (dit-on,) *danser le jeune homme; c'est l'Ecolier d'un tel; il étoit détestable il y a un mois.* Oui, répond celui-ci, *il étoit insoutenable, & du dernier mauvais.* L'Eleve se présente; on l'applaudit avant qu'il danse; cependant il se déploye avec grace, il se dessine avec élégance, ses attitudes sont belles, ses pas bien *écrits*, il est brillant *en l'air*, il est vif & précis *terre-à-terre*, quelle surprise! On crie miracle! *Le Maître est étonnant! Avoir formé un Danseur en vingt leçons! cela ne s'est jamais fait. En honneur les talents de notre siecle sont surprenants.*

Le Maître reçoit ces louanges avec une modestie qui séduit, tandis que l'Ecolier ébloui du succès & étourdi des applaudissements, se voue à l'ingratitude la plus noire; il oublie jusqu'au nom de celui à qui il doit tout; tout sentiment de reconnoissance est pour jamais effacé de son ame; il avoue, il proteste effrontément qu'il ne savoit rien, comme s'il étoit en état de se juger lui-même, & il encense le Charlatanisme par lequel il imagine que les éloges lui ont été prodigués.

Ce n'est pas tout; ce même Eleve

fait un nouveau plaifir toutes les fois qu'il paroît ; bientôt il donne de la jaloufie & de l'ombrage à fon Maître ; celui-ci lui refufe alors des leçons parce que fon genre eft le même & qu'il craint que fon Ecolier ne le furpaffe & ne le faffe oublier. Quelle petiteffe ! Peut-on fe perfuader qu'il n'y ait point de gloire à un habile homme d'en faire un plus habile que lui ? Eft-ce avilir fon mérite & flétrir fa réputation que de faire revivre fes talents dans ceux d'un Ecolier ? Eh ! Monfieur, le Public pourroit-il favoir mauvais gré à Mr. *Jeliote*, * s'il eût

---

* L'Orphée de notre fiecle, l'ornement de la Scene lyrique & le plus célebre Chanteur que l'Opéra ait jamais eu. Il réunit aux charmes de la voix un goût & une expreffion admirable ; il eft auffi habile Muficien qu'il étoit excellent Acteur, talent rare chez nos Chanteurs François.

formé un homme qui l'égalât? En seroit-il moins *Jeliote*? non, sans doute, de pareilles craintes ne troublent point le vrai mérite, & n'alarment que les demi-talents.

Mais revenons à l'Académie de Danse. Elle est, du moins je le crois, composée de treize Académiciens qui tous en particulier ont des talents d'une supériorité reconnue. Ils sont, ou ils ont été d'excellents Danseurs. Je me fais un honneur & un devoir de leur donner ici le tribut d'éloges que je leur dois ; quiconque a contribué long-temps aux plaisirs d'un Public aussi éclairé que celui de Paris, est & sera toujours cher à celui qui aime & qui chérit les Arts; or quelle source inépuisable de principes? Que de préceptes pleins de justesse & de solidité!

Que de Mémoires excellents ! Que d'observations instructives, & combien de traités admirables émaneroient & sortiroient de la Société qu'ils forment, si leur émulation étoit aiguillonnée & réveillée par les travaux qui leur seroient offerts !

On écrit tous les jours sur des matieres bien plus futiles & bien moins intéressantes que la Danse ; le génie est rare, mais il est de tous les états ; pourquoi nous auroit-il été refusé plutôt qu'aux autres hommes, & ne s'aviliroient-ils pas eux-mêmes, s'ils pensoient qu'il est inutile à ceux qui ne travaillent que pour parvenir au bonheur de leur plaire ?

Il eût été à souhaiter, Monsieur, que les Académiciens & le Corps même de l'Académie eussent fourni à l'Encyclopédie tous les articles qui concernent l'Art. Cet objet eût été mieux rempli par des Artistes éclairés que par Monsieur *de Cahusac*; la partie historique appartenoit à ce dernier, mais la partie méchanique devoit, ce me semble, appartenir de droit aux Danseurs; ils auroient éclairé le Peuple dansant; ils lui auroient montré le flambeau de la vérité, & en illustrant l'Art ils se seroient illustrés eux-mêmes. Les productions ingénieuses que la Danse enfante si souvent à Paris & dont ils auroient pu donner au moins quelques exemples, auroient été consacrées dans des planches différentes de ces tables chorégraphiques qui, comme je l'ai dit, n'apprennent rien, ou n'apprennent que très-peu de chose. Je suppose en effet que l'Académie eût associé à ses travaux deux grands hommes, Mr. *Boucher* & Mr. *Cochin* ; qu'un Académicien *Chorégraphe* eût été chargé du soin de tracer les chemins & de dessiner les pas; que celui qui étoit en état d'écrire avec le plus de netteté eût expliqué tout ce que le plan géométral n'auroit pu présenter distinctement ; qu'il eût rendu compte des effets que chaque tableau mouvant auroit produit, & de celui qui résultoit de telle ou telle situation ; qu'enfin il eût analysé les pas, leurs enchaînements successifs; qu'il eût parlé des positions du corps, des attitudes, & qu'il n'eût rien omis de ce qui peut expliquer & faire entendre le jeu muet, l'expression pantomime & les sentiments variés de l'ame par les caracteres variés de la physionomie; alors Mr. *Boucher* d'une main habile eût dessiné tous les *grouppes* & toutes les situations vraiment intéressantes, & Mr. *Cochin* d'un burin hardi auroit multiplié les esquisses de Mr. *Boucher.* Avouez, Monsieur, qu'avec le secours de ces deux hommes célebres, nos Académiciens feroient aisément passer à la postérité le mérite des Maîtres de Ballets & des Danseurs habiles dont le nom est à peine conservé parmi nous quelques lustres après eux, & qui ne nous laissent après qu'ils ont abandonné le Théatre qu'un souvenir confus des talents qui nous forçoient à les admirer. La *Chorégraphie* deviendroit alors intéressante. Plan géométral, plan d'élévation, description fidelle de ces plans, tout se présenteroit à l'œil avec les traits du goût & du génie ; tout inftruiroit, les attitudes du corps, l'expreffion des têtes, les contours des bras, la pofition des jambes, l'élégance du vêtement, la vérité du *coftume* ; en un mot, un tel ouvrage foutenu du crayon & du burin de ces deux illuftres Artiftes feroit une fource où l'on pourroit puifer, & je le regarderois comme les archives de tout ce que notre Art peut offrir de lumineux, d'intéreffant & de beau.

Quel projet, me direz-vous ! Quelle dépenfe immenfe ! Quel livre volumineux ! Il me fera facile de vous répondre. Je ne propofe pas en premier lieu deux Mercenaires, mais deux Artiftes qui traiteront l'Académie avec ce défintéreffement qui eft la marque & la preuve des vrais talents. 2°. Je ne
leur

leur destine que des choses absolument dignes d'eux & de leurs soins, c'est-à-dire, des choses excellentes, pleines de feu & de génie, de ces morceaux rares, exactement neufs & qui inspirent par eux-mêmes. Ainsi voilà des dépenses épargnées & sûrement des planches en très-petit nombre. Plus sensible que qui que ce soit à la gloire d'une Académie alors véritablement utile, que ne puis-je, Monsieur, voir déjà ce projet mis à exécution ! & quel moyen plus sûr pour elle & pour les Danseurs qu'elle croiroit devoir célébrer, de voler à l'immortalité que celui d'emprunter les ailes de deux grands hommes faits pour graver à jamais au temple de Mémoire & leurs noms & celui des personnages qu'ils voudront illustrer ? Une telle entreprise sembloit leur être réservée ; & j'ose croire que nos Académiciens trouveront en eux toutes les ressources qu'ils pourront desirer, lorsqu'ils leur présenteront des modeles dont la Capitale qui est le centre & le point de réunion de tous les talents fourmille sans doute, & que je n'ai ni la hardiesse ni la témérité de leur indiquer.

Voilà, Monsieur, ce qui me paroîtroit devoir être substitué à la *chorégraphie* de nos jours, à cet Art aujourd'hui si compliqué que les yeux & l'esprit s'y perdent; car ce qui n'étoit que le rudiment de la Danse, en est devenu insensiblement le grimoire. La perfection même que l'on a voulu donner aux signes qui désignent les pas & les mouvements n'a servi qu'à les embrouiller & à les rendre indéchiffrable. Plus la Danse s'embellira, plus les caracteres se multiplieront, & plus cette science sera inintelligible. Jugez-en, je vous prie, par l'article *chorégraphie* inséré dans l'Encyclopédie ; vous regarderez sûrement cet Art comme l'algebre des Danseurs, & je crains fort que les planches ne répandent pas un jour plus clair sur les endroits obscurs de cette dissertation dansante.

Je conviens, me repliquerez-vous peut-être, que le fameux *Blondy* lui-même interdisoit cette étude à ses Eleves ; mais avouez du moins que la *chorégraphie* est nécessaire aux Maîtres de Ballets : non, Monsieur, c'est une erreur que de penser qu'un bon Maître de Ballets puisse tracer & composer son ouvrage au coin de son feu. Ceux qui travaillent ainsi, ne parviendront jamais qu'à des combinaisons misérables. Ce n'est pas la plume à la main que l'on fait marcher les Figurants. Le Théatre est le Parnasse des Compositeurs ingénieux; c'est là que sans chercher, ils rencontrent une multitude de choses neuves; tout s'y lie, tout y est plein d'ame, tout y est dessiné avec des traits de feu. Un tableau ou une situation le conduisent naturellement à une autre; les figures s'enchaînent avec autant d'aisance que de grace; l'effet général se fait sentir sur le champ; car telle figure élégante sur le papier, cesse de l'être à l'exécution; telle autre qui le sera pour le Spectateur qui la verra en *vue d'oiseau*, ne le sera point pour les premieres Loges & le Parterre; c'est donc pour les places les moins élevées que l'on doit principalement travailler, puisque telle forme, tel *grouppe* & tel tableau dont l'effet est sensible pour le Parterre, ne peut manquer de l'être dans quelque endroit de la Salle que l'on se place. Vous observez dans les Ballets des *marches*, des *contre-marches*, des *repos*, des *retraites*, des *évolutions*, des *grouppes* ou des *pelotons*. Or si le Maître n'a pas le génie de faire mouvoir la grande machine dans des sens justes; s'il ne demêle au premier coup d'œil les inconvénients qui peuvent résulter de telle opération; s'il n'a l'Art de profiter du terrein; s'il ne proportionne pas les manœuvres à l'étendue plus ou moins vaste & plus ou moins limitée du Théatre; si ses dispositions sont mal conçues; si les mouvements qu'il veut imprimer font faux ou impossibles ; si les marches sont ou trop vîtes, ou trop lentes, ou mal dirigées; si la mesure & l'*ensemble* ne régnent pas ; que sais-je, si l'instant est mal choisi, on n'apperçoit que confusion, qu'embarras, que tumulte ; tout se choque, tout se heurte ; il n'y a & il ne peut y avoir ni netteté, ni accord, ni exactitude, ni précision, & les huées & les sifflets sont la juste récompense d'un travail aussi monstrueux & aussi mal entendu. La conduite & la marche d'un grand Ballet bien dessiné exige, Monsieur, des connoissances, de l'esprit, du génie, de la finesse, un tact sûr, une prévoyance sage & un coup d'œil infaillible, & toutes ces qualités ne s'acquièrent pas en déchiffrant & en écrivant la Danse *chorégraphiquement*;

le moment seul détermine la composition; l'habileté consiste à le saisir & à en profiter heureusement.

Il est cependant de prétendus Maîtres qui composent leurs Ballets, après avoir mutilé ceux des autres, à l'aide du cahier & de certains signes qu'ils adoptent & qui forment pour eux une *chorégraphie* particuliere; car la façon de dessiner les chemins est toujours la même & ne varie que par les couleurs; mais rien de plus insipide & de plus languissant qu'un ouvrage médité sur le papier, il se ressent toujours de la contention & de la peine. Il seroit beau de voir un Maître de Ballets de l'Opéra un *in-folio* à la main, se casser la tête pour remettre les Ballets des *Indes galantes* ou de quelque autre Opéra chargé de Danses; que de chemins différents ne faudroit-il pas écrire pour un Ballet nombreux ! ajoutez ensuite sur vingt-quatre chemins, tantôt réguliers & tantôt irréguliers tous les pas compliqués à faire, & vous aurez, Monsieur, si vous le voulez, un écrit très-savant, mais chargé d'une si grande abondance & d'un mélange si informe de lignes, de traits, de signes & de caracteres que vos yeux en seront offusqués, & que toutes les lumieres que vous espériez d'en tirer seront, pour ainsi dire, absorbées par le noir dont sera tissu ce répertoire. Ne croyez pas au surplus que M. *Lany*, après avoir composé les Ballets d'un Opéra à la satisfaction du Public, soit obligé nécessairement d'en conserver ainsi l'idée pour les remettre cinq ou six ans après avec la même supériorité ; s'il dédaigne un pareil secours, il ne les composera de nouveau qu'avec plus de goût; il réparera même les fautes imperceptibles qui pouvoient y régner; car le souvenir de nos fautes est celui qui s'efface le moins, & s'il prend le crayon, ce ne sera que pour jetter sur le papier le dessein géométral des formes principales & des figures les plus saillantes; il négligera sûrement de tracer toutes les routes diverses qui conduisoient à ces formes, & qui enchaînoient ces figures; & il ne perdra pas son temps à écrire les pas, ni les attitudes diverses qui embellissoient ces Tableaux. Oui, Monsieur, la *Chorégraphie* amortit le génie; elle éteint, elle affoiblit le goût du Compositeur qui en fait usage ; Il est lourd & pesant; il est incapable d'invention; de créateur qu'il étoit ou qu'il auroit été, il devient ou il n'eſt plus qu'un plagiaire ; ſon imagination ſe tait ; il ne produit rien de neuf, & tout ſon mérite ſe borne à défigurer les productions des autres. Tel eſt l'effet de l'engourdiſſement & de l'eſpece de léthargie dans leſquels elle jette l'eſprit, que j'ai vu pluſieurs Maîtres de Ballets obligés de quitter la répétition, parce qu'ils avoient égaré leur cahier & qu'ils ne pouvoient faire mouvoir leurs figurants ſans avoir ſous les yeux le mémorial de ce que les autres avoient compoſé. Je le répete, Monſieur, & je le ſoutiens : rien de plus pernicieux qu'une méthode qui réttrecit nos idées, ou qui ne nous en permet aucunes, à moins qu'on ne ſache ſe garantir du danger que l'on court en s'y livrant. Du feu, du goût, du génie, des connoissances, voilà ce qui est préférable à la *chorégraphie*; voilà, Monsieur, ce qui suggère une multitude de pas, de figures, de tableaux & d'attitudes nouvelles; voilà les sources inépuisables de cette variété immense qui distingue le véritable Artiste du *Chorégraphe* inepte & matériel.

Je suis, &c.

LETTRE XIV.

Vous exigez de moi, Monsieur, que je vous entretienne de mes Ballets; c'est avec peine que je cede à vos instances. Toutes les descriptions qu'on peut faire de ces sortes d'ouvrages ont ordinairement deux défauts; elles sont au-dessous de l'original lorsqu'il est passable, ou au-dessus lorsqu'il est médiocre.

On ne peut ni juger d'un Cabinet de peinture par le Catalogue des Tableaux qu'il renferme, ni décider du prix d'un ouvrage de littérature, par la préface ou par le *Prospectus*. Il en est de même des Ballets; il faut nécessairement les voir, & les voir plusieurs fois. Un homme d'esprit fera d'excellents Programmes & fournira à un Peintre les plus grandes idées ; mais le mérite consiste dans la distribution & dans l'exécution. Qu'on ouvre le *Tasse*, l'*Arioste* & quantité d'Auteurs du même genre, on y puisera des Sujets admirables à la lecture ; rien ne coûtera sur le papier ; les idées se multiplieront ; tout sera facile & quelques mots arrangés avec Art présenteront à l'imagination une foule de choses agréables ; mais qui ne seront plus telles, dès que l'on essaiera de leur donner une forme réelle ; & c'est alors que l'Artiste connoîtra l'immensité de la distance du projet à l'exécution.

Je vais satisfaire néanmoins, Monsieur, votre curiosité, dans la perfuafion où je fuis que vous ne me jugerez pas fur l'efquiffe mal crayonnée de quelques Ballets reçus par le Public avec des applaudiffements qui ne m'ont point fait oublier que fon indulgence fut toujours fort au deffus de mes talents.

Je fuis très-éloigné de prétendre que mes productions foient des chefs-d'œuvres; des fuffrages flatteurs pourroient me perfuader qu'elles ont quelque mérite, mais je fuis encore plus convaincu qu'elles ne font pas fans défaut. Quoi qu'il en foit, & ce peu de mérite & ces défauts m'appartiennent entiérement. Jamais je n'ai eu fous les yeux ces modeles excellents qui raviffent & qui infpirent. Si j'euffe été à portée de voir, peut-être aurois-je pu faifir. J'aurois du moins étudié l'art d'ajuster & d'accomoder à mes traits les agréments des autres, & je me serois efforcé de me les rendre propres, où du moins de m'en parer fans en devenir ridicule. Cette privation d'objets instructifs a cependant excité en moi une émulation vive dont je n'aurois pas été peut-être animé, si j'avois eu la facilité de n'être qu'un imitateur froid & servile. La nature est le seul modele que j'ai envisagé & que je me suis proposé de suivre. Si mon imagination m'égare quelquefois, le goût ou si l'on veut, une sorte d'instinct m'éclairent sur mes écarts & me rappellent au vrai. Je proscris tout ce qui ne me séduit pas au premier coup d'œil ; je détruis sans regret ce que j'ai créé avec le plus de peine, & mes ouvrages ne m'attachent que lorsqu'ils m'affectent véritablement. Il n'en est point, Monsieur, qui me fatiguent autant que la composition des Ballets de certains Opéra. Les *Passepieds* & les *Menuets* me tuent; la monotonie de la Musique m'engourdit & je deviens aussi pauvre qu'elle, car elle substitue, pour ainsi dire, en moi la stérilité à l'abondance. Une Musique au contraire expressive, harmonieuse & variée, telle que celle sur laquelle j'ai travaillé * depuis quelque temps me suggere mille idées & mille traits ; elle me transporte, elle m'éleve, elle m'enflamme, & je dois aux

* Cette Musique est de M. *Granier*, accompagnateur du Concert de Lyon, & je dois ici lui rendre la justice qui lui est due, en assurant qu'il est peu de Musiciens aussi capables d'approprier sa composition à tous les genres de Ballets, & de mouvoir le génie des hommes faits pour sentir & pour connoître.

différentes

différentes impreſſions qu'elle m'a fait éprouver & qui ont paſſé juſques dans mon ame ; l'accord, l'*enſemble*, le *ſaillant*, le *neuf*, le feu & cette multitude de caracteres frappants & ſinguliers que des Juges impartiaux ont cru pouvoir remarquer dans mes Ballets ; effets naturels de la Muſique ſur la Danſe, & de la Danſe ſur la Muſique, lorſque les deux Artiſtes ſe concilient, & lorſque leurs Arts ſe marient, ſe réuniſſent & ſe prêtent mutuellement des charmes pour ſéduire & pour plaire.

Il ſeroit inutile ſans doute de vous entretenir des *Métamorphoſes Chinoiſes*, des *Réjouiſſances Flamandes*, de la *Mariée de Village*, des *Fêtes de Vauxhall*, des *Recrues Pruſſiennes*, du *Bal paré* & d'un nombre infini &

& peut-être trop grand de Ballets comiques presque dénués d'intrigue, destinés uniquement à l'amusement des yeux, & dont tout le mérite consiste dans la nouveauté des formes, dans la variété & dans le brillant des figures. Je ne me propose point aussi de vous parler de ceux que j'ai cru devoir traiter dans le grand, tels que les Ballets que j'ai intitulé, la *Mort d'Ajax*, le *Jugement de Pâris*, la Descente *d'Orphée aux Enfers*, *Renaud & Armide*, &c. Et je me tairai même encore sur ceux de la *Fontaine de Jouvence*, & des *Caprices de Galathée.* * Persuadé des bontés dont vous m'honorez &

---

* Cette Galathée est la même que celle dont *Horace* parle dans le portrait qu'il fait d'une jeune beauté, à laquelle un amant tente de dérober un baiser.

de l'intérêt que vous daignez prendre à tout ce qui me touche, je pense, Monsieur, que la description des ouvrages qui me doivent entiérement le

Boileau a traduit ainsi dans notre Langue les Vers de ce Poëte.

Qui mollement résiste & par un doux caprice,
Quelquefois le refuse afin qu'on le ravisse.

Ce Ballet a eu d'autant plus de succès, que l'on ne s'étoit pas imaginé que la Pantomime gaie pût être associée au genre sérieux. *Galathée* désespere continuellement deux Bergers par ses caprices; elle accepte leurs dons avec transport, elle les rejette bientôt avec mépris. Ces mêmes caprices ont toujours diverses nuances & diverses gradations : les Bergers feignent d'adresser leurs vœux à une autre Bergere & de lui offrir les présens destinés à celle qu'ils aiment. *Galathée* par un sentiment de jalousie arrache des mains de sa rivale les dons qu'elle vient de recevoir; elle s'en pare un instant, elle les jette de nouveau. Sa rivale veut les reprendre; la jalousie renaît; *Galathée* la dévance & s'en saisit encore pour les jeter de même. Alors les Bergers jour & que vous pouvez regarder comme le fruit unique de mon imation, vous plaira d'avantage; & je commence par celui de la *Toilette de Vénus*, ou des *Rufes de l'Amour*, Ballet héroï-pantomime.

Le Théatre repréfente un *Sallon* voluptueux; Vénus eft à fa toilette & dans le déshabillé le plus galant; les

abandonnent *Galathée* pour la rappeller à eux; ils affectent dans un pas de quatre de la dédaigner & de paroître fortement épris de l'autre Bergere. La capricieufe humiliée fe livre au chagrin & à la douleur, mais par une fuite naturelle de fa légéreté & de fon humeur, elle paffe fubitement de cet excès de triftesse à la joie la plus vive & la plus immodérée. Ces tranfitions foudaines, ces mouvements divers, cette alternative continuelle de tendreffe & d'indifférence, de douleur & de plaifir, de fenfibilité & de froideur, ont été le fujet d'une foule de Tableaux, qui tous ont paru également intéreffants & d'un goût véritablement neuf.

Jeux & les Plaisirs lui présentent à l'envi tout ce qui peut servir à sa parure; les Graces arrangent ses cheveux; l'Amour lace un de ses brodequins; de jeunes Nymphes sont occupées, les unes à composer des guirlandes, les autres à arranger un casque pour l'Amour; celles-ci à placer des fleurs sur l'habit & sur la *mante* qui doit servir d'ornement à sa mere. La toilette finie, Vénus se retourne du côté de son fils, elle semble le consulter; le petit Dieu applaudit à sa beauté, il se jette avec transport dans ses bras, & cette premiere Scene offre ce que la volupté, la coquetterie & les graces ont de plus séduisant.

La seconde est uniquement employée à l'habillement de Vénus. Les Graces se chargent de son ajustement; une partie des Nymphes s'occupe à ranger la toilette, pendant que les autres apportent aux Graces les ajuſtements néceſſaires; les Jeux & les Plaiſirs non moins empreſſés à ſervir la Déeſſe tiennent, ceux-ci la boîte à rouge, ceux-là la boîte à mouches, le bouquet, le collier, les braſſelets, &c. L'Amour dans une attitude élégante ſe ſaiſit du miroir & voltige ainſi continuellement autour des Nymphes, qui pour ſe venger de ſa légéreté lui arrachent ſon carquois & ſon bandeau; il les pourſuit, mais il eſt arrêté dans ſa courſe par trois de ces mêmes Nymphes qui lui préſentent ſon caſque & un miroir; il ſe couvre, il ſe mire, il vole dans les bras de ſa mere & il médite en ſoupirant le deſſein de ſe venger de l'eſpece d'offenſe qui lui a été faite : il supplie, il presse Vénus de l'aider dans son entreprise, en disposant leur ame à la tendresse par la peinture de tout ce que la volupté offre de plus touchant. Vénus alors déploie toutes ses graces; ses mouvements, ses attitudes, ses regards sont l'image des plaisirs de l'Amour même. Les Nymphes vivement émues s'efforcent de l'imiter & de saisir toutes les nuances qu'elle emploie pour les séduire. L'amour témoin de l'impression profite de l'instant ; il leur porte le dernier coup & dans une entrée générale, il leur fait peindre toutes les passions qu'il inspire. Leur trouble accroit & augmente sans cesse; de la tendresse elles passent à la jalousie, de la jalousie à la fureur, de la fureur à l'abattement, de l'abattement à l'in-

Cc iv

constance, elles éprouvent en un mot, successivement tous les sentiments divers dont l'ame peut être agitée & il les rappelle toujours à celui du bonheur. Ce Dieu satisfait & content de sa Victoire cherche à se séparer d'elles; il les fuit, elles le suivent avec ardeur; mais il s'échappe & disparoît ainsi que sa mere & les graces; & les Nymphes courent & volent après le plaisir qui les fuit.

Cette Scene, Monsieur, perd tout à la lecture; vous ne voyez ni la Déesse, ni le Dieu, ni leur suite. Vous ne distinguez rien, & dans l'impossibilité où je suis de rendre ce que les traits, la physionomie, les regards & les mouvements des Nymphes exprimoient si bien, vous n'avez & je ne vous donne ici que l'idée la plus imparfaite & la plus foible de l'action la plus vive & la plus variée.

Celle qui la suit, lie l'intrigue. L'Amour paroît seul; d'un geste & d'un regard il anime la nature. Les lieux changent; ils représentent une forêt vaste & sombre; les Nymphes qui n'ont point perdu le Dieu de vue entrent précipitamment sur la Scene; mais quelle est leur crainte! Elles ne voient ni Vénus, ni les Graces; l'obscurité de la forêt, le silence qui y regne les glacent d'effroi. Elles reculent en tremblant, l'Amour aussitôt les rassure, il les invite à le suivre; les Nymphes s'abandonnent à lui; il semble les défier par une course légere. Elles courent après lui; mais à la faveur de plusieurs feintes il leur échappe toujours, & dans l'instant où il paroît être dans l'embarras le plus grand & où les Nymphes croient de l'arrêter, il fuit comme un trait & il est remplacé avec promptitude par douze Faunes. Ce changement subit & imprévu fait un effet d'autant plus grand que rien n'est aussi frappant que le contraste qui résulte de la situation des Nymphes & des Faunes. Les Nymphes offrent l'image de la crainte & de l'innocence; les Faunes celle de la force & de la férocité. Les attitudes de ceux-ci sont pleines de fierté & de vigueur; les positions de celles-là n'expriment que la frayeur qu'inspire le danger. Les Faunes poursuivent les Nymphes qui fuyent devant eux, mais ils s'en saisissent bientôt; quelques-unes d'entr'elles profitant cependant d'un instant de mésintelligence que l'ardeur de vaincre a jetté parmi eux, prennent la fuite & leur échappent; il n'en reste que six aux douze Faunes; alors ils s'en disputent la conquête ; nul d'entr'eux ne veut consentir au partage, & la fureur succédant bientôt à la jalousie, ils luttent & combattent. Celles-ci tremblantes & effrayées passent à chaque instant des mains des uns dans les mains des autres, car ils sont tour-à-tour vainqueurs & vaincus. Cependant au moment où les combattants paroissent n'être occupés que de la défaite de leurs rivaux, elles tentent de s'échapper. Six Faunes s'élancent après elles & ne peuvent les arrêter, parce qu'ils sont eux-mêmes retenus par leurs adversaires qui les poursuivent. Leur colere s'irrite alors de plus en plus. Chacun court aux arbres de la forêt; ils en arrachent des branches avec fureur

& ils se portent de part & d'autre des coups terribles. Leur adresse à les parer étant égale, ils jettent loin d'eux ces inutiles instruments de leur vengeance & de leur rage, & s'élançant avec impétuosité les uns sur les autres, ils luttent avec un acharnement qui tient du délire & du désespoir; ils se saisissent, se terrassent, s'enlevent de terre, se serrent, s'étouffent, se pressent & se frappent, & ce combat n'offre pas un seul instant qui ne soit un tableau. Six de ces Faunes sont enfin victorieux; ils foulent d'un pied leurs ennemis terrassés & levent le bras pour leur porter le dernier coup, lorsque six Nymphes conduites par l'Amour les arrêtent & leur présentent une couronne de fleurs. Leurs compagnes sensibles à la honte & à l'abattement des vaincus laissent tomber à leurs pieds celles qu'elles leur destinoient ; ceux - ci dans une attitude qui peint ce que la douleur & l'accablement ont de plus affreux sont immobiles ; leur tête est abattue, leurs yeux sont fixés sur la terre. Vénus & les Graces touchées de leurs peines engagent l'Amour à leur être propice ; ce Dieu voltige autour d'eux & d'un souffle léger, il les ranime & les rappelle à la vie ; on les voit lever insensiblement des bras mourants, & invoquer le fils de Vénus qui par ses attitudes & ses regards, leur donne, pour ainsi-dire, une nouvelle existence. A peine en jouissent-ils qu'ils apperçoivent leurs ennemis occupés de leur bonheur & folâtrant avec les Nymphes ; un nouveau dépit s'empare d'eux ; leurs yeux étincellent de feu ;

ils les attaquent, les combattent & en triomphent à leur tour ; peu contents de cette victoire s'ils n'en emportent des trophées, il leur enlevent & leur arrachent les couronnes de fleurs dont ils se glorifioient ; mais par un charme de l'Amour ces couronnes se partagent en deux : cet événement rétablit parmi eux la paix & la tranquillité ; les nouveaux vainqueurs & les nouveaux vaincus reçoivent également le prix de la victoire ; les Nymphes présentent la main à ceux qui viennent de succomber, & l'Amour unit enfin les Nymphes aux Faunes. Là le Ballet Symmétrique commence ; les beautés méchaniques de l'Art se déploient sur une grande *Chaconne*, dans laquelle l'Amour, Vénus, les Graces, les jeux, & les plaisirs dansent les principaux morceaux. Ici je pouvois craindre le ralentissement de l'action, mais j'ai saisi l'instant où Vénus ayant enchaîné l'Amour avec des fleurs, le mene en laisse pour l'empêcher de suivre une des Graces à laquelle il s'attache, & pendant ce pas plein d'expression, les plaisirs & les jeux entraînent les Nymphes dans la forêt. Les Faunes les suivent avec empressement, & pour sauver les bienséances, & ne pas rendre trop sensibles les remarques que l'Amour fait faire à sa mere sur cette disparition, je fais rentrer un instant après ces mêmes Nymphes & ces mêmes Faunes. L'expression de celle-ci, l'air satisfait de ceux-là peignent avec des couleurs ménagées dans un passage bien exprimé de la *Chaconne*, les tableaux de la volupté *coloriés* par le sentiment & la décence.

Ce Ballet, Monsieur, est d'une action chaude & toujours générale. Il a fait, & je puis m'en glorifier, une sensation que la Danse n'avoit pas produite jusqu'alors. Ce succès m'a engagé à abandonner le genre auquel je m'étois attaché, moins, je l'avoue, par goût & par connoissance que par habitude. Je me suis livré dès cet instant à la Danse expressive & en action ; je me suis attaché à peindre dans une maniere plus grande & moins *léchée*, & j'ai senti que je m'étois trompé grossiérement en imaginant que la Danse n'étoit faite que pour les yeux, & que cet organe étoit la barriere où se bornoit sa puissance & son étendue. Persuadé qu'elle peut aller plus loin, & qu'elle a des droits incontestables sur le cœur & sur l'ame, je m'efforcerai désormais de de la faire jouir de tous ses avantages.

Les Faunes étoient sans *tonnelets*, & les Nymphes, Vénus & les Graces sans paniers. J'avois proscrit les masques qui se seroient opposés à toute expression ; la méthode de M. *Garrick* m'a été d'un grand secours : on lisoit dans les yeux & sur la physionomie de mes Faunes tous les mouvements des passions qui les agitoient. Une lassure & une espece de chaussure imitant de l'écorce d'arbre m'avoient semblé préférables à des escarpins; point de bas ni de gands blancs, j'en avois assorti la couleur à la teinte de la carnation de ces habitants des forêts; une simple draperie de peau de tigre couvroit une partie de leur corps, tout le reste paroissoit nu ; & pour que le *costume* n'eût pas un air trop dur & ne contraſtât pas trop avec l'habillement élégant des Nymphes, j'avois fait jetter ſur les bords des draperies une guirlande de feuillage mêlée de fleurs.

J'avois encore imaginé des ſilences dans la Muſique, & ces ſilences produiſoient l'effet le plus flatteur ; l'oreille du Spectateur ceſſant tout d'un coup d'être frappée par l'harmonie, ſon œil embraſſoit avec plus d'attention tous les détails des tableaux, la poſition & le deſſein des *grouppes*, l'expreſſion des têtes & les différentes parties de l'*enſemble* ; rien n'échappoit à ſes regards; cette ſuſpenſion dans la Muſique & dans les mouvements du corps répand un calme & un beau jour ; elle fait ſortir avec plus de feu les morceaux qui la ſuivent; ce ſont des ombres qui ménagées avec Art & diſtribuées avec goût, donnent un nouveau prix & une valeur réelle à toutes les parties de la composition; mais le talent consiste à les employer avec économie. Elles deviendroient aussi funestes à la Danse qu'elles le sont quelquefois à la Peinture, lorsqu'on en abuse.

Passons aux *Fêtes* ou aux *Jalousies du Serrail*; ce Ballet & celui dont je viens de vous parler ont partagé le goût du Public; ils sont néanmoins dans un genre absolument opposé, & ne peuvent être mis en comparaison l'un & l'autre.

Le Théatre représente une des parties du Serrail; un Péristile orné de cascades & de jets d'eau forme l'*avant-Scene*. Le fond du Théatre offre une colonnade circulaire en charmille; les intervalles de cette colonnade sont couronnés de guirlandes de fleurs, & enrichis de *grouppes* & de jets d'eau. Le morceau le plus éloigné & qui termine la décoration, préfente une cafcade de plufieurs nappes qui fe perd dans un baffin, & qui laiffe découvrir derriere elle un payfage & un lointain. Les femmes du Serrail font placées fur de riches fofas & fur des carreaux ; elles s'occupent à différents ouvrages en ufage chez les Turcs.

Des Eunuques blancs & des Eunuques noirs fuperbement habillés, paroiffent & préfentent aux Sultanes le forbet, le café ; d'autres s'empreffent de leur offrir des fleurs, des fruits & des parfums. Une d'entr'elles plus occupée d'elle-même que fes compagnes, refufe tout pour avoir un miroir ; un efclave lui en préfente un. Elle fe mire, elle s'examine avec complaisance, elle arrange ses gestes, ses attitudes & sa démarche. Ses compagnes jalouses de ses graces cherchent à imiter tous ses mouvemens, & de là naissent plusieurs *entrées* tant générales que particulieres, qui ne peignent que la volupté & le desir ardent que toutes ont également de plaire à leur maître.

Aux charmes d'une Musique tendre & du murmure des eaux, succede un air fier & marqué dansé par des Muets, par des Eunuques noirs & des Eunuques blancs qui annoncent l'arrivée du *Grand Seigneur*.

Il entre avec précipitation suivi de l'Aga, d'une foule de Janissaires, de plusieurs Bostangis & de quatre Nains. Dans cet instant les Eunuques & les Muets tombent à genoux ; toutes les femmes s'inclinent, & les Nains lui offrent dans des corbeilles des fleurs & des fruits. Il choisit un bouquet, & il ordonne par un seul geste à tous les esclaves de disparoître.

Le *Grand Seigneur* seul au milieu de ses femmes semble indéterminé sur le choix qu'il doit faire; il se promene autour d'elles avec cet air indécis que donne la multiplicité des objets aimables. Toutes ces femmes s'efforcent de captiver son cœur, mais *Zaïre* & *Zaïde* semblent devoir obtenir la préférence. Il présente le bouquet à *Zaïde*, & dans l'instant qu'elle l'accepte un regard de *Zaïre* suspend son choix: il l'examine; il promene de nouveau ses regards; il revient ensuite à *Zaïde*, mais un sourire enchanteur de *Zaïre* le décide entiérement. Il lui donne le bouquet, elle l'accepte avec transport. Les autres Sultanes peignent par leurs attitudes le dépit & la jalousie ; *Zaïre* jouit malignement de la confusion de ses compagnes & de l'abattement de sa rivale. Le Sultan s'appercevant de l'impression que son choix vient de faire sur l'esprit des femmes du Serrail, & voulant ajouter au triomphe de *Zaïre*, ordonne à *Fatime*, à *Zima* & à *Zaïde* d'attacher à la Sultane favorite le bouquet dont il l'a décorée. Elles obéissent à regret, & malgré l'empressement avec lequel elles semblent se rendre aux ordres du Sultan, elles laissent échapper des mouvements de dépit & de désespoir qu'elles étouffent en apparence, lorsqu'elles rencontrent les yeux de leur Maître.

Le Sultan danse un *pas de deux* vo-

D d iv

luptueux avec *Zaïre* & se retire avec elle.

Zaïde à qui le *Grand Seigneur* avoit feint de présenter le bouquet, confuse & désèspérée, se livre dans une *entrée-seul* à la rage & au dépit le plus affreux. Elle tire son poignard, elle veut s'arracher la vie, mais ses compagnes arrêtent son bras & se hâtent de la détourner de ce dessein barbare.

Zaïde est prête à se rendre lorsque *Zaïre* reparoît avec fierté ; sa présence rappelle sa rivale à toute sa fureur ; celle-ci s'élance avec précipitation sur elle pour lui porter le coup qu'elle se destinoit ; *Zaïre* l'esquive adroitement, elle se saisit de ce même poignard, & leve le bras pour en frapper *Zaïde*. Les femmes du Serrail se partagent alors, elles accourent à l'une & à l'autre. *Zaïde* désarmée profite de l'instant où son ennemie a le bras arrêté, elle se jette sur le poignard que *Zaïre* porte à son côté pour s'en servir contre elle ; mais les Sultanes attentives à leur conservation parent le coup ; dans l'instant les Eunuques appellés par le bruit entrent dans le Serrail ; ils voient le combat engagé de façon à leur faire craindre de ne pouvoir rétablir la paix, & ils sortent précipitamment pour avertir le Sultan. Les Sultanes dans ce moment entraînent & séparent les deux rivales qui font des efforts incroyables pour se dégager ; elles y réussissent ; à peine sont-elles libres qu'elles se reprennent avec fureur. Toutes les femmes effrayées volent entr'elles pour arrêter leurs coups. Dans le moment le Sultan effrayé se présente ; le changement que produit son arrivée est un coup de Théatre frappant. Le plaisir & la tendresse succèdent sur le champ à la douleur & à la rage. *Zaïre* loin de se plaindre montre par une générosité ordinaire aux belles ames un air de sérénité qui rassure le Sultan, & qui calme les craintes qu'il avoit de perdre l'objet de sa tendresse. Ce calme fait renaître la joie dans le Serrail, & le *Grand Seigneur* permet alors aux Eunuques de donner une Fête à *Zaïre*; la Danse devient générale.

Dans un *pas de deux*, *Zaïre* & *Zaïde* se réconcilient. Le *Grand Seigneur* danse avec elles un *pas de trois* dans lequel il marque toujours une préférence décidée pour *Zaïre*.

Cette Fête est terminée par une Contre-danse noble. La derniere figure offre un *grouppe* posé sur un trône élevé sur des gradins ; il est composé des femmes du Serrail & du *Grand Seigneur; Zaïre* & *Zaïde* sont assises à ses côtés. Ce *grouppe* est couronné par un grand Baldaquin dont les rideaux sont supportés par des esclaves. Les deux côtés du Théatre offrent un autre *grouppe* de Bostangis, d'Eunuques blancs, d'Eunuques noirs, de Muets, de Janissaires & de Nains prosternés aux pieds du trône du *Grand Seigneur*.

Voilà, Monsieur, une description bien foible d'un enchaînement de Scenes qui toutes intéressent réellement. L'instant où le *Grand Seigneur* se décide, celui où il emmene la Sultane favorite, le combat des femmes, le *grouppe* qu'elles forment à l'arrivée du Sultan, ce changement subit, cette opposition de sentimens, cet amour que toutes les femmes témoignent pour elles-mêmes & qu'elles expriment toutes différemment, font autant de contrastes que je ne peux vous faire saisir. Je suis dans la même impuissance relativement aux Scenes simultanées que j'avois placées dans ce Ballet. La *Pantomime* est un trait, les grandes passions le décochent; c'est une multitude d'éclairs qui se succédent avec rapidité; les Tableaux qui en résultent sont de feu, ils ne durent qu'un instant, & font aussi-tôt place à d'autres. Or, Monsieur, dans un Ballet bien conçu il faut peu de dialogues & peu de moments tranquilles; le cœur doit y être toujours agité; ainsi comment décrire l'expression vive du sentiment & l'action animée de la *Pantomime*? C'est à l'ame à peindre, c'est à la Physionomie à *colorier*, ce sont les yeux enfin qui doivent donner les grands coups & terminer tous les Tableaux.

L'action des Ballets dont je viens de vous parler est bien moins longue à l'exécution qu'à la lecture. Des signes extérieurs qui anhoncent un sentiment deviennent froids & languissants, s'ils ne sont subitement suivis d'autres signes indicatifs de quelques nouvelles passions qui lui succédent; encore est-il nécessaire de diviser l'action entre plusieurs personnages; une même altération, des mêmes efforts, des mêmes mouvements, une agitation toujours continuelle fatigueroient & ennuieroient enfin & l'acteur, & le spectateur; il importe donc d'éviter les longueurs, si l'on veut laisser à l'expression la force qu'elle doit avoir, aux gestes leur energie, à la physionomie son ton, aux yeux leur éloquence, aux attitudes & aux positions leurs graces & leur vérité.

Le Ballet des *Fêtes* ou des *Jalousies du Serrail*, diront peut-être les critiques versés dans la lecture des Romans, péche contre le *Costume* & les usages des Levantins; ils trouveront qu'il est ridicule d'introduire des Janissaires & des Bostangis dans la partie du Serrail destinée aux Femmes du *Grand Seigneur*, & ils objecteront encore qu'il n'y a point de Nains à Constantinople & que le *Grand Seigneur* ne les aime pas.

Je conviendrai de la justesse de leurs observations & de l'étendue de leurs connoissances, mais je leur répondrai que si mes idées ont choqué la vérité elles n'ont point blessé la vraisemblance; & dès-lors j'aurai eu raison de recourir à des licences néceffaires que les Auteurs les plus diftingués fe permettent dans des ouvrages bien plus intéreffants & bien plus précieux que des Ballets.

En s'attachant exactement à peindre le caractere, les mœurs & les ufages de certaines Nations, les tableaux feroient fouvent d'une compofition pauvre & monotone; auffi y auroit-il de l'injuftice à condamner un Peintre fur les licences ingénieufes qu'il auroit prifes, fi ces mêmes licences contribuoient à la perfection, à la variété & à l'élégance de fes tableaux.

Lorfque les caracteres font foutenus; que celui de la Nation qu'on repréfente n'eft point altéré, & que la nature ne fe perd pas fous des embelliffements qui lui font étrangers & qui la dégradent; lorsqu'enfin l'expression du sentiment est fidelle; que le *coloris* est vrai; que le *clair-obscur* est ménagé avec art; que les positions sont nobles; que les *grouppes* sont ingénieux; que les *masses* sont belles & que le dessein est correct, le tableau dès-lors est excellent & mérite les plus grands éloges.

Je crois, Monsieur, qu'une Fête Turque ou Chinoise ne plaîroit point à notre Nation, si on n'avoit l'art de l'embellir, & je suis persuadé que la maniere de danser de ces Peuples ne seroit point en droit de séduire; ce *costume* exact & cette imitation n'offriroient qu'un spectacle très-plat & peu digne d'un Public qui n'applaudit qu'autant que les Artistes ont l'art d'associer la délicatesse & le génie aux différentes

différentes productions qu'on lui présente.

Si ceux qui m'ont critiqué sur la prétendue licence que j'avois prise d'introduire des Boftangis & des Janiffaires au Serrail, avoient été témoins de l'exécution, de la diftribution & de la marche de mon Ballet, ils auroient vu que ces perfonnages qui les ont bleffé à cent lieues d'éloignement, n'entroient point dans la partie du Serrail où fe tiennent les Femmes ; qu'ils ne paroiffoient que dans le jardin, & que je ne les avois affociés à cette Scene que pour faire cortege & pour rendre l'arrivée du *Grand Seigneur* plus impofante & plus majeftueufe.

Au refte, Monfieur, une critique qui ne porte que fur un programme, tombe d'elle-même parce qu'elle n'est appuyée sur rien. On prononce sur le mérite d'un Peintre d'après ses tableaux & non d'après son *style*; on doit prononcer de même sur celui du Maître de Ballets d'après les *grouppes*, les situations, les coups de Théatre, les figures ingénieuses, les formes saillantes & l'*ensemble* qui régnent dans son ouvrage. Juger de nos productions sans les voir, c'est croire pouvoir décider d'un objet sans lumieres.

Je suis, &c.

DERNIERE LETTRE.

Encore deux Ballets, Monsieur, & mon objet sera rempli, car il est temps que je finisse. J'en ai dit assez pour vous persuader de toutes les difficultés d'un Art qui n'est aisé que pour ceux qui n'en saisissent que les parties superficielles & qui imaginent que l'action de s'élever de terre d'un pouce plus haut que les autres, ou l'idée de quelques *moulinets* ou de quelques *ronds* doivent leur attirer tous les suffrages. Dans quelque genre que ce soit, plus on approfondit, plus les obstacles se multiplient, & plus le but auquel on s'efforce d'atteindre paroît s'éloigner. Aussi Monsieur, le travail le plus opiniâtre n'offre-t-il aux plus grands Artistes qu'une lumiere souvent importune qui les éclaire sur leur insuffisance, tandisque l'Ignorant satisfait de lui-même au milieu des ténebres les plus épaisses, croit qu'il n'est absolument rien au-delà de ce qu'il se flatte de savoir.

Le Ballet dont je vais vous entretenir a pour titre l'*Amour Corsaire*, ou l'*Embarquement pour Cythere*. La Scene se passe sur le bord de la mer dans l'Isle de *Misogyne*. Quelques arbres inconnus dans nos Climats embellissent cette Isle; d'un côté du Théatre on apperçoit un Autel antique élevé à la Divinité que les Habitants adorent; une Statue représentant un homme qui plonge un poignard dans le sein d'une femme, est élevée audessus de l'Autel. Les Habitants de cette Isle sont cruels & barbares ; leur coutume est d'immoler à leur Divinité toutes les femmes jettées malheureusement pour elles sur ces côtes. Ils imposent la même loi à tous les hommes qui échappent à la fureur des flots. Le sujet de la premiere Scene, est l'admission d'un Etranger sauvé du naufrage. Cet Etranger est conduit à l'Autel sur lequel sont appuyés deux Grands Prêtres. Une partie des Habitants est rangée autour de ce même Autel, tenant dans leurs mains des massues avec lesquelles ils s'exercent, tandis que les autres Insulaires célébrent par une Danse mystérieuse l'arrivée de ce nouveau Prosélyte. Celui-ci se voit forcé de promettre solemnellement d'immoler avec le fer dont on va l'armer la premiere femme qu'un destin trop cruel portera dans cette Isle. A peine commence-t-il à proférer l'affreux serment dont il frémit lui-même, quoiqu'il fasse le vœu dans le fond de son cœur de désobéir au nouveau Dieu dont il embrasse le culte, que la cérémonie est interrompue par des cris perçants poussés à l'aspect d'une chaloupe que bat une horrible tempête, & par une Danse vive qui annonce la joie barbare que fait naître l'espoir de voir frapper quelques victimes. On apperçoit dans cette chaloupe une femme & un homme qui levent les mains vers le Ciel, & qui demandent du secours. *Dorval* (c'est le nom de l'Etranger) croit reconnoître à l'approche de cette chaloupe sa sœur & son ami. Il regarde attentivement ; son cœur est pénétré de plaisir & de crainte; il les voit enfin hors de danger; il se livre à l'excès d'une satisfaction inexprimable, mais cette satisfaction & la joie qu'elle inspire sont bientôt balancées par le souvenir du lieu terrible qu'il habite, & ce retour funeste le précipite dans l'abattement & dans la douleur la plus profonde. L'empressement qu'il a d'abord témoigné a fait prendre le change & en a imposé aux *Misogyniens* ; ils ont cru voir en lui du zele, & un attachement inviolable à leur Loi ; cependant *Clairville* & *Constance* (c'est le nom des deux Amants) abordent à terre ; la mort est peinte sur leur visage, leurs yeux s'ouvrent à peine, des cheveux hérissés annoncent leur effroi. Un teint pâle & mourant peint toute l'horreur du trépas qui s'est présenté mille fois à eux & qu'ils redoutent encore ; mais quelle est leur surprise, lorsqu'ils se sentent étroitement embrassés ! ils reconnoissent *Dorval*, ils se jettent dans ses bras, leurs yeux croient à peine ce qu'ils voient ; tous trois ne peuvent se séparer, l'excès de leur bonheur est exprimé par toutes les démonstrations de la joie la plus pure ; ils s'inondent de leurs larmes, & ces larmes sont des signes non équivoques des sentiments divers qui les agitent. Ici leur situation change. Un Sauvage présente à *Dorval* le poignard qui doit percer le cœur de *Constance* & lui ordonne de le lui plonger dans le sein. *Dorval* indigné d'un ordre aussi barbare saisit ce fer & veut en frapper le *Misogynien*, mais *Constance* s'échappant des bras de son Amant suspend le coup que son frere alloit porter : le Sauvage saisit cet instant, il désarme Dorval & veut percer le sein de celle qui vient de lui sauver la vie. *Clairville* arrête le bras du perfide, il lui arrache le poignard. *Dorval* & *Clairville* également révoltés de la férocité & de l'inhumanité des habitants de cette Isle se rangent du côté de *Constance*; ils la tiennent étroitement serrée dans leurs bras; leurs corps est un rempart qu'ils opposent à la barbarie de leurs ennemis, & leurs yeux animés & étincelants de colere semblent défier les *Misogyniens*. Ceux-ci furieux de cette résistance ordonnent aux Sauvages qui ont des massues, d'arracher la victime des bras de ces deux étrangers & de la traîner à l'Autel. *Dorval* & *Clairville* encouragés par le danger défarment deux de ces cruels ; ils fe livrent au combat avec fureur & avec audace, & viennent à chaque inftant fe rallier auprès de *Conftance* ; ils ne la perdent pas un moment de vue. Celle-ci tremblante & défolée, craignant de perdre deux objets qui lui font également chers s'abandonne au défefpoir ; les Sacrificateurs aidés de plufieurs Sauvages s'élancent fur elle & l'entraînent à l'Autel. Dans ce moment elle rappelle tout fon courage, elle lutte contre eux, elle fe faifit du poignard d'un des Sacrificateurs, elle l'en frappe. Délivrée pour un inftant elle fe jette dans les bras de fon amant & de fon frere ; mais elle en eft arrachée cruellement. Elle s'échappe de nouveau & y revole encore ; cependant ne pouvant refifter au nombre, *Dorval* & *Clairville* presque mourants & accablés sont enchaînés; *Constance* est entraînée au pied de cet Autel trône de la Barbarie. Le bras se leve, le coup est prêt à tomber, lorsqu'un Dieu protecteur des amants arrête le bras du Sacrificateur, en répandant un charme sur cette Isle qui en rend tous les habitants immobiles. Cette transition des plus grands mouvements à l'immobilité produit un effet étonnant; *Constance* évanouie aux pieds du Sacrificateur, *Dorval* & *Clairville* voyant à peine la lumiere, sont renversés dans les bras de quelques Sauvages. *

* Cette Scene en remontant à l'arrivée de *Constance* & de *Clairville* offre une reconnoissance touchante; le coup de Théatre qui la suit est intéressant, & le combat qui termine cette action vive présente trois Tableaux à la fois; c'est l'amitié, la tendresse & l'amour que l'on veut désunir, ce sont

Le jour devient plus beau, les flots irrités s'abaissent, le calme succede à la tempête, plusieurs Tritons & plu-

des liens tissus par le sentiment que la Barbarie cherche à rompre, mais que la nature & *Constance* s'efforcent de serrer davantage. Ce n'est point un intérêt particulier qui détermine les combattants. *Constance* craint moins pour ses jours que pour ceux de son amant & de son frere ; ceux-ci veillent moins à leur conservation qu'à celle de *Constance*. S'ils reçoivent un coup, c'est pour parer celui que l'on porte à l'objet de leur tendresse ; cette Scene longue à la lecture est vive & animée à l'exécution ; car vous savez qu'il faut moins de temps pour exprimer un sentiment par le geste, qu'il n'en faut pour le peindre par le discours ; ainsi lorsque l'instant est bien choisi, l'action Pantomime est plus chaude, plus animée & plus intéressante que celle qui résulte d'une Scene dialoguée. Je crois, Monsieur, que celle que je viens de vous montrer dans une perspective éloignée, porte un caractere, auquel l'humanité ne peut être insensible, & qu'elle est en droit d'arracher des larmes & de remuer fortement tous ceux dont le cœur est susceptible de sentiment & de délicatesse.

sieurs Naïades folâtrent dans les eaux; un vaisseau richement orné paroît sur la Mer. *

Il aborde; l'Amour fait jetter l'ancre; il descend de son bord; les Nymphes, les Jeux & les Plaisirs le suivent, & en attendant les ordres de ce Dieu, cette troupe légere se range en bataille. Les *Misogyniens* reviennent de l'extase & de l'immobilité dans laquelle l'Amour les avoit plongés. Un de ses regards rappelle à la vie *Constance; Dorval* & *Clairville* ne doutant point alors que leur libérateur ne soit un Dieu, se prosternent à ses pieds. Les Sauvages

* L'Amour sous la forme d'un Corsaire le commande; les Jeux & les Plaisirs sont employés aux différentes manœuvres; une troupe de Nymphes vêtues en Amazones sont les soldats qui servent sur ce bord: tout est élégant, tout annonce & caractérise enfin la présence de l'enfant de Cythere.

irrités de voir leur culte profané, levent tous leurs massues pour massacrer & les adorateurs & la suite de l'enfant de Cythere ; ils tournent même leur rage & leur fureur contre lui, mais que peuvent les mortels, lorsque l'Amour commande ? un seul de ses regards suspend tous les bras armés des *Misogyniens*. Il ordonne que l'on renverse leur autel, que l'on brise leur infame divinité ; les Jeux & les Plaisirs obéissent à sa voix, l'autel s'ébranle sous leurs coups, la statue s'écroule & se rompt par morceaux. Un nouvel autel paroît & prend la place de celui qui vient d'être détruit, il est de marbre blanc ; des guirlandes de roses, de jasmins & de myrtes ajoutent à son élégance ; des colonnes sortent de la terre pour orner cet autel, & un baldaquin artistement enrichi & porté par un *grouppe* d'Amours descend des cieux; les extrêmités en sont soutenues par des Zéphyrs qui les appuient directement sur les quatre colonnes qui entourent l'autel; les arbres antiques de cette Isle disparoissent pour faire place aux myrtes, aux orangers & aux bosquets de roses & de jasmins.

Les *Misogyniens* à l'aspect de leur divinité renversée & de leur culte profané entrent en fureur; mais l'Amour ne leur permet de faire éclater leur colere que par intervalle; il les arrête toujours lorsqu'ils sont prêts à frapper & à se venger. Les instants du charme qui les rend immobiles, offrent une multitude de tableaux & de *grouppes* qui différent tous par les positions, par la distribution, par la composition, mais qui expriment également ce que la fureur a de plus affreux. Les tableaux que préfentent les Nymphes, font d'un goût & d'un coloris tout oppofé. Elles ne parent les coups que les *Mifogyniens* tentent de leur porter qu'avec des graces & des regards pleins de tendreffe & de volupté. Cependant l'Amour ordonne à celles-ci de combattre & de vaincre ces Sauvages ; elles les attaquent avec les armes du fentiment ; ceux-ci ne font plus qu'une foible réfiftance. S'ils ont la force de lever le bras pour porter un coup, ils n'ont pas le courage de le laiffer tomber ; enfin leurs maffues leur échappent, elles tombent de leurs mains. Vaincus & fans défenfe, ils fe jettent aux genoux de leurs vainqueurs, qui naturellement tendres leur accordent leur grace en les enchaînant avec des guirlandes de fleurs.

fleurs. L'Amour satisfait unit *Clairville* à *Constance*, les *Misogyniens* aux Nymphes, & donne à *Dorval Zenéide*, jeune Nymphe que ce Dieu a pris soin de former. Une marche de triomphe forme l'ouverture de ce Ballet, les Nymphes menent en laisse les vaincus, l'Amour ordonne des fêtes & le divertissement général commence. Ce Dieu, *Clairville* & *Constance*, *Dorval* & *Zénéide*, les Jeux & les Plaisirs dansent les principaux morceaux. La Contre-danse noble de ce Ballet se dégrade insensiblement de deux en deux & tout le monde se place successivement sur le Vaisseau. De petits gradins posés dans des sens différents & à des hauteurs diverses servent, pour ainsi dire, de piedestal à cette troupe amoureuse, & offrent un grand *grouppe* distribué avec élé-
F f

gance; on leve l'ancre, les Zéphyrs & les soupirs des amants enflent les voiles, le vaisseau prend le large, & poussé par des vents favorables il vogue vers Cythere. *

* Ce Ballet a été mis avec soin & rien n'a été épargné. Les Nymphes avoient des habits galants dont les corsets différoient peu de ceux des Amazones. Les vêtements des Sauvages étoient d'une forme singuliere & dans des couleurs entieres; une partie de la poitrine, des bras & des jambes étoit couleur de chair. L'Amour n'étoit reconnu que par ses ailes, & étoit vêtu dans le goût des Corsaires Brigantins. Les habits des Jeux & des Plaisirs empruntoient la forme de ceux des Matelots qui servent sur les Bâtiments Corsaires, avec cette différence qu'ils étoient plus galants. Cette troupe d'enfants ressembloit à ces jolies petites figures de porcelaine de Saxe, dont on garnit les cheminées.

Clairville, *Dorval* & *Constance* sans être mis richement, étoient vêtus de bon goût & convenablement. Un beau désordre composoit leur parure. Le dessein des habits étoit de M. *Boquet*, &

Je vais passer actuellement au *Jaloux sans Rival*, Ballet Espagnol, & je vous préviens d'avance qu'il y a encore des combats & des poignards. On appelle le *Misanthrope* l'homme aux *Rubans verds*, on me nommera peut-être l'*homme aux Poignards*. Lorsque l'on réfléchira cependant sur l'Art *Pantomime*; lorsque l'on examinera les limites étroites qui lui sont prescrites; lorsque l'on considérera enfin son insuffisance dans tout ce qui s'appelle Dialogue tranquille, & que l'on se rappellera jusqu'à quel point il est subordonné aux regles de la Peinture, qui

---

la Musique de M. *Granier*. Elle imitoit les accents de la nature : sans être d'un chant uniforme elle étoit harmonieuse. Il avoit mis enfin l'action en Musique; chaque trait étoit une expression qui prêtoit des forces & de l'énergie aux mouvements de la Danse & qui en animoit tous les Tableaux.

comme la *Pantomime* ne peut rendre que des inſtants, on ne pourra me blâmer de choiſir tous ceux qui peuvent par leurs liaiſons & par leurs ſucceſſions remuer le cœur & affecter l'ame. Je ne ſais ſi j'ai bien fait de m'attacher à ce genre, mais les larmes que le Public a donné à pluſieurs Scenes de mes Ballets, l'émotion vive qu'ils ont cauſée, me perſuadent que ſi je n'ai point encore atteint le but, du moins ai-je trouvé la route qui peut y conduire. Je ne me flatte point de pouvoir franchir la diſtance immenſe qui m'en éloigne & qui m'en ſépare, ce ſuccès n'eſt réſervé qu'à ceux à qui le génie prête des ailes; mais j'aurai du moins la ſatisfaction d'avoir ouvert la voie. Indiquer le chemin qui mene à la perfection, eſt un avantage qui ſuffit à quiconque n'a pas eu la force d'y arriver.

Fernand est amant d'*Inès* ; *Clitandre*, petit Maître François, est amant de *Béatrix* amie d'*Inès* ; voilà les Personnages sur lesquels roule toute l'intrigue. *Clitandre* à propos d'un coup d'Echec * se brouille vivement avec *Béatrix*.

* Quelques choses qu'aient pu dire les petits critiques au sujet de la Scene simultanée de M. *Diderot* & de la partie de trictrac jouée dans la premiere Scene du *Pere de famille*, ce qui la rend plus vraie & plus naturelle, j'ai mis un jeu d'Echec dans mon Ballet. Le Théatre est ou devroit être le Tableau fidelle de la vie humaine ; or tout ce qui se fait de décent & de permis dans la Société, peut être jetté sur cette toile ; tant pis pour les sots si le beau simple ne les séduit point ; si leur cœur est glacé, & s'il est insensible aux images intéressantes que présentent des mœurs douces & honnêtes. Faut-il qu'un Auteur abandonne ses sentiments & renonce sans cesse à la nature pour se livrer à des *féeries* & à des *bambochades*, ou ne peut-on être ému que par un Spectacle continuel de Dieux & de Héros introduits sur la Scene ?

Inès cherche à raccommoder *Clitantandre* & *Béatrix*; celle-ci naturellement fiere se retire; *Clitandre* désespéré la suit; ne pouvant obtenir son pardon, il revient un instant après & conjure *Inès* de lui être favorable; celle-ci lui promet de s'intéresser en sa faveur, mais elle lui expose le danger qu'elle court d'être seule avec lui; elle craint la jalousie de *Fernand*. Le François toujours pétulant & plus occupé de son amour que des inquiétudes d'*Inès*, se jette à ses genoux pour la presser de ne point oublier de parler à *Béatrix*; *Fernand* paroît, & sans rien examiner, il s'élance avec fureur sur *Clitandre*; il lui saisit la main dans l'instant qu'il baise celle d'*Inès* & qu'elle fait des efforts pour s'en défendre; & sur le champ il tire un poignard pour le frapper; mais

Inès pare le coup, & *Béatrix* attirée par le bruit couvre de son corps celui de son amant. L'Espagnol dès cet instant interprete les sentiments d'*Inès* à son désavantage ; il prend sa compassion pour de la tendresse, ses craintes pour de l'amour ; excité par les images que la jalousie porte dans son cœur, il se dégage d'*Inès* & court sur *Clitandre* ; la fuite précipitée de celui-ci le sauve du danger ; mais l'Espagnol au désespoir de n'avoir pu assouvir sa rage, se retourne avec promptitude vers *Inès* pour lui porter le coup qu'il destinoit à son prétendu rival. Il veut la frapper, mais le mouvement qu'elle fait pour voler au devant du bras qui la menace, arrête le transport du jaloux & lui fait tomber le fer de la main. Un geste d'*Inès* semble reprocher à son amant son injustice. Désespérée de survivre au soupçon qu'il a conçu de son infidélité, elle tombe sur un fauteuil; *Fernand* toujours jaloux, mais honteux de sa barbarie se jette sur un autre siege. Les deux amants offrent l'image du désespoir & de l'amour en courroux. Leurs yeux se cherchent & s'évitent, s'enflamment & s'attendrissent; *Inès* tire une lettre de son sein; *Fernand* l'imite; chacun y lit les sentimens de l'amour le plus tendre, mais tous deux se croyant trompés, déchirent avec dépit ces premiers gages de leur amour. Egalement piqués de ces marques de mépris, ils regardent attentivement les portraits qu'ils ont l'un de l'autre, & n'y voyant plus que les traits de l'infidélité & du parjure ils les jettent à leurs pieds. *Fernand* exprime cependant par ses gestes & ses regards combien ce sacrifice lui déchire le cœur ; c'est par un effort violent qu'il se défait d'un portrait qui lui est si cher, il le laisse tomber, ou pour mieux dire, il le laisse échapper avec peine de ses mains. Dans cet instant il se jette sur son siege & se livre à la douleur & au désespoir.

Béatrix témoin de cette Scene fait alors des efforts pour les raccommoder & pour les engager l'un & l'autre à s'approcher réciproquement. *Inès* fait les premiers pas, mais s'appercevant que *Fernand* ne répond point à son empressement elle prend la fuite; *Béatrix* l'arrête sur le champ, & l'Espagnol voyant que sa maîtresse veut l'éviter fuit à son tour avec un air d'accablement & de dépit.

Béatrix persiste & veut toujours les contraindre à faire la paix. Pour cet effet elle les oblige de se donner la main; ils se font tirer l'un & l'autre, mais elle parvient enfin a les rapprocher & à les réunir. Elle les considere ensuite avec un sourire malin; les deux amants n'osant encore se regarder, malgré l'envie qu'ils en ont, se trouvent dos à dos; insensiblement ils se retournent; *Inès* par un regard assure le pardon de *Fernand* qui lui baise la main avec transport; & ils se retirent tous trois pénétrés de la joie la plus vive.

Clitandre paroît sur la Scene; son entrée est un monologue, elle emprunte ses traits de la crainte & de l'inquiétude; il cherche sa maîtresse, mais appercevant *Fernand*, il fuit avec célérité. Celui - ci témoigne à *Béatrix* sa reconnoissance, mais comme rien ne ressemble plus à l'amour que l'amitié, *Inés* qui le surprend tandis qu'il baise la main à *Béatrix*, en prend occasion pour se venger de la Scene que la jalousie de son amant lui a fait essuyer. Elle feint d'être jalouse à son tour; l'Espagnol la croyant réellement affectée de cette passion, cherche à la détromper en lui donnant de nouvelles assurances de sa tendresse; elle y paroît insensible & ne le regardant qu'avec des yeux troublés & menaçants, elle lui montre un poignard; il frémit, il recule de frayeur, il s'élance pour le lui arracher, mais elle feint de s'en frapper, elle chancelle & tombe dans les bras de ses Suivantes. A ce spectacle, *Fernand* demeure immobile & sans sentiment, & n'écoutant soudain que son désespoir il s'y livre tout entier & tente de s'arracher la vie. Tous les Espagnols se jettent sur lui & le désarment. Furieux, il lutte contre eux & cherche à résister à leurs efforts; il en terrasse plusieurs, mais accablé par le nombre & par sa douleur, ses forces diminuent insensiblement, ses jambes se dérobent sous lui, ses yeux s'obscurcissent & se ferment, ses traits annoncent la mort, il tombe évanoui dans les bras des Espagnols.

Inès qui dans les commencements de cette Scene jouissoit du plaisir d'une vengeance qu'elle croyoit innocente & dont elle ne prévoyoit point les suites, s'appercevant de ses tristes effets donne les marques les plus convaincantes de la sincérité de son repentir ; elle vole à son amant, le serre tendrement dans ses bras, le prend par la main & s'efforce de le rappeller à la vie. *Fernand* ouvre les yeux, sa vue paroît troublée, il tourne la tête du côté d'*Inès*, mais quel est son étonnement ! il croit à peine ce qu'il voit, il ne peut se persuader qu'*Inès* vive encore, & doutant de son bonheur il exprime tour-à-tour sa surprise, sa crainte, sa joie, sa tendresse & son ravissement; il tombe aux genoux de sa maîtresse qui le reçoit dans ses bras avec les transports de l'amante la plus passionnée.

Les différents événements que cette Scene a produit rendent l'action générale ; le plaisir s'empare de tous les cœurs; il se manifeste par des Danses où *Fernand*, *Inès*, *Béatrix*, & *Clitandre* président. Après plusieurs pas particuliers qui peignent l'enjouement & la volupté, le Ballet est terminé par une Contre-danse générale.

Il est aisé de s'appercevoir, Monsieur, que ce Ballet n'est qu'une combinaison des Scenes les plus saillantes de plusieurs Drames de notre Théatre. Ce sont des tableaux des meilleurs Maîtres que j'ai pris soin de réunir.

Le premier est pris de Mr. *Diderot*, le second offre un coup de Théatre de mon imagination, je veux parler de l'instant où *Fernand* leve le bras sur *Clitandre*; celui qui le suit est tiré de *Mahomet* lorsqu'il veut poignarder *Irene* & qu'elle lui dit en volant au devant du coup,

Ton bras est suspendu ! Qui t'arrête ? Ose tout ;
Dans un cœur tout à toi laisse tomber le coup.

La Scene de dépit, les Lettres déchirées & les portraits rendus avec mépris préfentent la Scene du *Dépit amoureux* de *Moliere* ; le raccommodement de *Fernand* & d'*Inès* n'est autre chofe que celui de *Mariane* & de *Valere* du *Tartuffe* ménagés adroitement par *Dorine*. La feinte jaloufie d'*Inès* eft un Epifode de pure invention ; l'égarement de *Fernand*, fa rage, fa fureur, fon défefpoir & fon accablement font l'image des fureurs d'*Orefte* de l'*Andromaque de Racine* ; la reconnoiffance enfin eft celle de *Rhadamifte* & de *Zénobie* de Mr. de *Crebillon*. Tout ce qui lie ces tableaux, pour n'en former qu'un feul eft de moi.

Vous voyez, Monfieur, que ce

Ballet n'eſt exactement qu'un eſſai que j'ai voulu faire pour tâter le goût du Public & pour me convaincre de la poſſibilité qu'il y a d'aſſocier le genre tragique à la Danſe. Tout eut du ſuccès dans ce Ballet, ſans en excepter même la Scene du dépit, jouée partie aſſis, & partie debout; elle parut auſſi vive, auſſi animée & auſſi naturelle que toutes les autres. Il y a dix mois que l'on donne ce Spectacle & qu'on le voit avec plaiſir; effet certain de la Danſe en action; elle paroît toujours nouvelle parce qu'elle parle à l'ame, & qu'elle intéreſſe également le cœur & les yeux.

J'ai paſſé légérement ſur les parties de détail pour vous épargner l'ennui qu'elles auroient pu vous cauſer, & je vais finir par quelques réflexions ſur

l'entêtement,

l'entêtement, la négligence & la paresse des Artistes, & sur la facilité du Public à céder aux impressions de l'habitude.

Que l'on consulte, Monsieur, tous ceux qui applaudissent indifféremment, & qui croiroient avoir perdu l'argent qu'ils ont donné à la porte s'ils n'avoient frappé des pieds ou des mains; qu'on leur demande, dis-je, comment ils trouvent la Danse & les Ballets? » miraculeux, répondront-ils; ils sont » du dernier bien; & les Arts agréables » sont étonnants. » Représentez leur qu'il y a des changements à faire; que la Danse est froide; que les Ballets n'ont d'autre mérite que celui du dessein; que l'expression y est négligée; que la *Pantomime* est inconnue; que les plans sont vuides de sens; que l'on s'attache à peindre des sujets trop minces ou trop vastes, & qu'il y auroit une réforme considérable à faire au Théatre ; ils vous traiteront de stupide & d'insensé, ils ne pourront s'imaginer que la Danse & les Ballets puissent leur procurer des plaisirs plus vifs. » Que l'on continue, ajouteront-ils, » à faire de belles pirouettes, de beaux » entrechats ; que l'on se tienne long- » temps sur la pointe du pied pour nous » avertir des difficultés de l'Art ; qu'on » remue toujours les jambes avec la » même vîtesse, & nous serons con- » tents. Nous ne voulons point de » changement, tout est bien & l'on » ne peut rien faire de plus agréable. Mais, la Danse, poursuivront les Gens de goût, ne vous cause que des sensations médiocres, & vous

en éprouveriez de bien plus vives, si cet Art étoit porté au degré de perfection où il peut atteindre. « Nous ne
» nous soucions pas, répondront-ils,
» que la Danse & les Ballets nous atten-
» drissent, qu'ils nous fassent verser des
» larmes ; nous ne voulons pas que cet
» Art nous occupe sérieusement ; le
» raisonnement lui ôteroit ses char-
» mes ; c'est moins à l'esprit à diriger
» ses mouvements qu'à la folie ; le bon
» sens l'anéantiroit ; nous prétendons
» rire aux Ballets ; causer aux Tra-
» gédies ; & parler petites maisons,
» petits soupers & équipages à la
» Comédie.

Voilà, Monsieur, un systême assez général. Est-il possible que le Génie Créateur soit toujours persécuté ? Soyez ami de la vérité, c'est un titre qui révolte tous ceux qui la craignent. M. de *Cahu-sac* dévoile les beautés de notre Art, il propose des embelliffements néceffaires; il ne veut rien ôter à la Danfe, il ne cherche au contraire qu'à tracer un chemin sûr dans lequel les Danfeurs ne puiffent s'égarer ; on dédaigne de le fuivre. Mr. *Diderot* ce Philofophe ami de la nature, c'eft-à-dire, du vrai & du beau fimple, cherche également à enrichir la Scene Françoife d'un genre qu'il a moins puifé dans fon imagination que dans l'humanité; il voudroit fubftituer la *Pantomime* aux manieres; le ton de la nature au ton ampoulé de l'Art ; les habits fimples aux colifichets & à l'oripeau ; le vrai au fabuleux ; l'efprit & le bon fens au jargon entortillé, à ces petits portraits mal peints qui font grimacer la nature & qui l'enlaidiffent ; il voudroit, dis-je, que la Comédie Françoife méritât le titre glorieux de l'Ecole des mœurs ; que les contraftes fuffent moins choquants & ménagés avec plus d'art ; que les vertus enfin n'euffent pas befoin d'être oppofées aux vices pour être aimables & pour féduire, parce que ces ombres trop fortes, loin de donner de la valeur aux objets & de les éclairer, les affoibliffent & les éteignent ; mais tous fes efforts font impuiffants.

Le Traité de Mr. de *Cahufac* fur la Danfe, eft auffi néceffaire aux Danfeurs que l'étude de la Chronologie eft indifpenfable à ceux qui veulent écrire l'Hiftoire; cependant il a été critiqué des Perfonnes de l'Art, il a même excité les fades plaifanteries de ceux qui par de certaines raisons ne pouvoient ni le lire, ni l'entendre. Combien le mot *Pantomime* n'a-t-il pas choqué tous ceux qui dansent le sérieux? Il seroit beau, disoient-ils, de voir danser ce genre en *Pantomime*. Avouez, Monsieur, qu'il faut absolument ignorer la signification du mot pour tenir un tel langage. J'aimerois autant que l'on me dit : je renonce à l'esprit; je ne veux point avoir d'ame; je veux être brute toute la vie.

Plusieurs Danseurs qui se récrient sur l'impossibilité qu'il y auroit de joindre la *Pantomime* à l'exécution méchanique, & qui n'ont fait aucune tentative, ni aucun effort pour y réussir, attaquoient encore l'ouvrage de Mr. de *Cahusac* avec des armes bien foibles. Ils lui reprochoient de ne point connoître la méchanique de l'Art, & concluoient delà que fes raifonnements ne portoient fur aucuns principes ; quels difcours ! Eft-il befoin de favoir faire la *Gargouillade* & l'*Entrechat* pour juger fainement des effets de ce Spectacle, pour fentir ce qui lui manque, & pour indiquer ce qui lui convient ? Faut-il être Danfeur pour s'appercevoir du peu d'efprit qui regne dans un *pas de deux*, des contre-fens qui fe font habituellement dans les Ballets, du peu d'expreffion des Exécutants, & de la médiocrité du génie & des talents des Compofiteurs ? Que diroit-on d'un Auteur qui ne voudroit pas fe foumettre au jugement du Parterre, parce que ceux qui le compofent n'ont pas tous le talent de faire des Vers ?

Si Mr. de *Cahufac* s'étoit attaché aux pas de la Danfe, aux mouvements compassés des bras, aux enchaînements & aux mélanges compliqués des temps, il auroit couru les risques de s'égarer; mais il a abandonné toutes ces parties grossieres à ceux qui n'ont que des jambes & des bras. Ce n'est pas pour eux qu'il a prétendu écrire, il n'a traité que la Poétique de l'Art; il en a saisi l'esprit & le caractere; malheur à tous ceux qui ne peuvent ni le goûter ni l'entendre. Disons la vérité, le genre qu'il propose est difficile mais en est-il moins beau ? C'est le seul qui convienne à la Danse & qui puisse l'embellir.

Les Grands Comédiens seront du sentiment de Mr. *Diderot*; les Médiocres seront les seuls qui s'éleveront contre le genre qu'il indique: pourquoi ? c'est qu'il est pris dans la nature; c'est qu'il faut des hommes pour le rendre, & non pas des automates ; c'est qu'il exige des perfections qui ne peuvent s'acquérir, si l'on n'en porte le germe en soi-même, & qu'il n'est pas seulement question de débiter, mais qu'il faut sentir vivement & avoir de l'ame.

Il faudroit jouer, disois-je un jour à un Comédien, *le Pere de famille & le Fils naturel* : ils ne feroient point d'effet au Théatre, me répliqua-t-il. Avez-vous lu ces deux Drames ? oui, me répondit-il ; eh bien n'avez-vous pas été ému ; votre ame n'a-t-elle point été affectée; votre cœur ne s'est-il pas attendri ; & vos yeux ont-ils pu refuser des larmes aux tableaux simples mais touchants que l'Auteur a peints si naturellement ? J'ai éprouvé, me dit-il, tous ces mouvements. Pourquoi donc, lui répondis-je, doutez-vous de l'effet que ces pieces produiroient au Théatre, puisqu'elles vous ont séduit, quoique dégagées des charmes de l'illusion que leur prêteroit la Scene, & quoique privées de la nouvelle force qu'elles acquerroient étant jouées par de bons Acteurs ? Voilà la difficulté ; il seroit rare d'en trouver un grand nombre, continua-t-il, capable de jouer ces Pieces ; ces Scenes simultanées seroient embarrassantes à bien rendre ; cette action *Pantomime* seroit l'écueil contre lequel la plupart des Comédiens échoueroient. La Scene muette est épineuse, c'est la pierre de touche de l'Acteur. Ces phrases coupées, ces sens suspendus, ces soupirs, ces sons à peine articulés demanderoient une vérité, une ame, une expression & un esprit qu'il n'eſt pas permis à tout le monde d'avoir ; cette ſimplicité dans les vêtements dépouillant l'Acteur de l'embelliſſement de l'Art, le laiſſeroit voir tel qu'il eſt ; ſa taille n'étant plus relevée par l'élégance de la parure, il auroit beſoin pour plaire de la belle nature, rien ne maſqueroit ſes imperfections, & les yeux du Spectateur n'étant plus éblouis par le clinquant & les colifichets, ſe fixeroient entiérement ſur le Comédien. Je conviens, lui dis-je, que l'uni en tous genres exige de grandes perfections ; qu'il ne ſied qu'à la beauté d'être ſimple & que le déshabillé ajoute même à ſes graces ; mais ce n'eſt ni la faute de Mr. *Diderot*, ni celle de Mr. de *Cahuſac*, ſi les grands talents ſont rares ; ils ne demandent l'un & l'autre qu'une perfection que l'on pourroit atteindre avec de l'émulation ; le genre qu'ils ont tracé est le genre par excellence ; il n'emprunte ses traits & ses graces que de la nature.

Si les avis & les conseils de Mrs. *Diderot* & de *Cahusac* ne sont point suivis ; si les routes qu'ils indiquent pour arriver à la perfection sont dédaignées, puis-je me flatter de réussir ? non sans doute, Monsieur, & il y auroit de la témérité à le penser.

Je sais que la crainte frivole d'innover arrête toujours les Artistes Pusillanimes ; je n'ignore point encore que l'habitude attache fortement les talents médiocres aux vieilles rubriques de leur profession ; je conçois que l'imitation en tout genre a des charmes qui séduisent tous ceux qui sont sans goût & sans génie ; la raison en est simple, c'est qu'il est moins difficile de copier que de créer.

Combien de talents égarés par une servile imitation ? Combien de dispositions étouffées & d'Artistes ignorés pour avoir quitté le genre & la maniere qui leur étoient propres, & pour s'être efforcés de saisir ce qui n'étoit pas fait pour eux ? Combien de Comédiens faux & de Parodistes détestables qui ont abandonné les accents de la nature, qui ont renoncé à eux-mêmes, à leur voix, à leur marche, à leurs gestes & à leur physionomie pour emprunter des organes, un jeu, une prononciation, une démarche, une expression & des traits qui les défigurent, de maniere qu'ils n'offrent que la *charge* ridicule des originaux qu'ils ont voulu copier ? Combien de Danseurs, de Peintres & de Musiciens se sont perdus en suivant cette route facile mais pernicieuse qui meneroit insensiblement à la destruction & à l'anéantissement des Arts, si les siecles ne produisoient toujours quelques hommes rares qui prenant la nature pour modele & le génie pour guide, s'élevent d'un vol hardi & de leurs propres ailes à la perfection.

Tous ceux qui sont subjugués par l'imitation oublieront toujours la belle nature pour ne penser uniquement qu'au modele qui les frappe & qui les séduit, modele souvent imparfait & dont la copie ne peut plaire.

Questionnez les Artistes ; demandez leur pourquoi ils ne s'appliquent point à être originaux & à donner à leur Art une forme plus simple, une expression plus vraie, un air plus naturel ? ils vous répondront pour justifier leur indolence & leur paresse qu'ils craignent de se donner un ridicule ; qu'il y a du danger à innover, à créer ; que le Public est accoutumé à telle maniere, & que s'en écarter ce seroit lui déplaire. Voilà les raisons sur lesquelles ils se fonderont pour assujettir les Arts au caprice & au changement, parce qu'ils ignoreront qu'ils sont enfants de la nature ; qu'ils ne doivent suivre qu'elle, & qu'ils doivent être invariables dans les regles qu'elle prescrit. Ils s'efforceront enfin de vous persuader qu'il est plus glorieux de végéter & de languir à l'ombre des originaux qui les éclipsent & qui les écrasent, que de se donner la peine d'être originaux eux-mêmes.

Mr. *Diderot* n'a eu d'autre but que celui de la perfection du Théatre; il vouloit ramener à la nature tous les Comédiens qui s'en sont écartés. Mr. de *Cahusac* rappelloit également les Danseurs à la vérité; mais tout ce qu'ils ont dit a paru faux, parce que tout ce qu'ils ont dit ne présente que les traits de la simplicité. On n'a point voulu convenir qu'il ne falloit que de l'esprit pour mettre en pratique leurs conseils. Peut-on avouer qu'on en manque? Est-il possible de confesser que l'on n'a point d'expression, ce seroit convenir que l'on n'a point d'ame? On dit bien: je n'ai point de poumons; mais je n'ai jamais entendu dire: je n'ai point d'entrailles. Les Danseurs avouent quelquefois

fois qu'ils n'ont point de vigueur, mais Ils n'ont pas la même franchise lorsqu'il est question de parler de la stérilité de leur imagination ; enfin les Maîtres de Ballets articulent avec naïveté qu'ils ne composent pas vîte & que leur métier les ennuye, mais ils ne conviennent point qu'ils ennuyent à leur tour le Spectateur, qu'ils sont froids, diffus, monotones, & qu'ils n'ont point de génie. Tels sont, Monsieur, la plupart des hommes qui se livrent au Théatre; ils se croient tous parfaits ; aussi n'est-il pas étonnant que ceux qui se sont efforcés de leur dessiller les yeux, se dégoûtent & se repentent même d'avoir tenté leur guérison.

L'amour propre est dans toutes les conditions & dans tous les états un mal incurable. En vain cherche-t-on à ramener l'Art à la nature, la défertion est générale ; il n'eſt point d'amniſtie qui puiſſe déterminer les Artiſtes à revenir ſous ſes étendards & à ſe rallier ſous les Drapeaux de la vérité & de la ſimplicité. C'eſt un ſervice étranger qui leur ſeroit trop pénible & trop dur. Il a donc été plus ſimple de dire que M. *de Cahuſac* parloit en Auteur & non en Danſeur, & que le genre qu'il propoſoit étoit extravagant. On s'eſt écrié par la même raiſon, que le *Fils-naturel* & le *Pere de famille* n'étoient point des Pieces de Théatre, & il a été plus facile de s'en tenir là que d'eſſayer de les jouer ; au moyen de quoi les Artiſtes ont raiſon & les Auteurs ſont des imbécilles. Leurs ouvrages ne ſont que des rêves faits par des moraliſtes ennuyeux & de mauvaiſe humeur, ils ſont ſans prix &

sans mérite. Eh! comment pourroient-ils en avoir ? Y voit-on tous les petits mots à la mode, tous les petits portraits, les petites épigrammes & les petites saillies, car les *infiniment petits* plaisent souvent à Paris. J'ai vu un temps où l'on ne parloit que des *petits Enfants*, que des *petits Comédiens*, que des *petits Violons*, que du *petit Anglois* & que du *petit Cheval de la Foire*.

Il seroit avantageux, Monsieur, pour la plus grande partie de ceux qui se livrent à la Danse & qui s'adonnent aux Ballets d'avoir des Maîtres habiles qui leur enseignassent toutes les choses qu'ils ignorent, & qui sont intimement liées à leur état. La plupart dédaignent & sacrifient toutes les connoissances qu'il leur importeroit d'avoir, à une oisiveté méprisable, à un genre de vie & de dissipation qui dégradent l'Art & qui avilissent l'Artiste. Cette mauvaise conduite trop justement reprochée est la base du préjugé fatal qui regne indifféremment contre les gens qui se consacrent au Théatre; préjugé qui se dissiperoit bientôt, malgré la censure amere du très-illustre Cynique de ce siecle, s'ils cherchoient à se distinguer par les mœurs & par la supériorité des talents.

Je suis, &c.

FIN.

www.ingramcontent.com/pod-product-compliance
Lightning Source LLC
Chambersburg PA
CBHW071623230426
43669CB00012B/2053